高轶飞 / 编著

3分钟
轻松亲近陌生人

让陌生人心悦诚服地被你打动,相信一定能够帮助你在短时间内迅速扩大社交圈,获得更多好人缘,也能使你的事业更快地走向成功。

中国华侨出版社

图书在版编目（CIP）数据

3 分钟轻松亲近陌生人/ 高轶飞编著. —北京：中国华侨出版社，2011.8
　ISBN 978 – 7 – 5113 – 1121 – 4

Ⅰ.①3… Ⅱ.①高… Ⅲ.①人际关系学 – 通俗读物
Ⅳ.①C912.1 – 49

中国版本图书馆 CIP 数据核字（2011）第 121955 号

●3 分钟轻松亲近陌生人

编　　著	高轶飞
责任编辑	李　晨
经　　销	新华书店
开　　本	710×1000 毫米　1/16　印张 15　字数 220 千字
印　　数	5001-10000
印　　刷	北京一鑫印务有限责任公司
版　　次	2013 年 5 月第 2 版　2018 年 3 月第 2 次印刷
书　　号	ISBN 978 – 7 – 5113 – 1121 – 4
定　　价	29.80 元

中国华侨出版社　　北京市朝阳区静安里 26 号通成达大厦 3 层　　邮编 100028
法律顾问：陈鹰律师事务所
编辑部：（010）64443056　　64443979
发行部：（010）64443051　　传真：64439708
网　　址：www.oveaschin.com
e – mail：oveaschin@ sina.com

前言 PREFACE

在很多人的意识中，陌生人是某种敌对意味的代名词。"不要与陌生人说话"或者"不要和陌生人交心"等成了一种普遍的规则。然而，在生活中，我们真的能避免和陌生人交往吗？"当我们走在大街上，陌生人保护我们；当我们身处险境，陌生人救助我们。陌生人教育我们的孩子，陌生人建筑我们的房子，陌生人在收音机、电视或报纸上告诉我们世界上的新闻。如果我们生病住院，陌生人医治我们；早上醒来，陌生人将早报及鲜牛奶送到门口；一出家门，陌生人为你打开公交车的大门；大街旁的餐厅里，陌生人为你准备好了早点……"更进一步来说，我们身边的朋友，也是从陌生开始的。可见，生活中，我们离不开，也躲不掉陌生人。所以，我们根本没有必要回避陌生人。我们所要做的就是如何在最短的时间内将陌生人转化为自己的朋友、客户和生意上的伙伴。因此，对每个人来说，亲近陌生人，这是一个非常重要的问题。

然而在现实生活中，很多人却害怕同陌生人打交道，在陌生人面前，他们总是处于一种羞于言谈、木讷生涩的"社交绝缘体"状态。甚至，很多人在面对陌生人时都会有一种潜在的恐惧感或抵触情绪，将陌生人拒之门外，这十分不利于扩大自己的社交圈子。所以，不要再躲避了，要知道亲近陌生人并不难，这本书可以让你在最短的时间内和陌生人快乐地交流并迅速成为好朋友。

　　为此，本书提出了一系列亲近陌生人的技巧和方法，从不同的角度和层次告诉你，如何在最短的时间内赢得陌生人对你的好感，如何让陌生人亲近你，如何让陌生人心悦诚服的被你打动，如何与陌生人交流，如何轻松亲近陌生人等，全面、系统地总结出了和陌生人沟通对每个人发展的好处，深入浅出地解读了如何有效结识陌生人，以及如何与陌生人进一步发展为生活和事业上的朋友，分析和阐述了人们难以与陌生人结交的根本原因，并从实用的角度出发，通过精彩的案例，条理分明地向读者介绍了与陌生人沟通的方法，为读者提供了一个能够增加自己能力、扩大自己社会资本的平台。只要读者巧妙地运用这些方法，相信一定能够帮助你在短时间内迅速扩大社交圈，获得更多好人缘，也能使你的事业更快地走向成功。

编者

目录

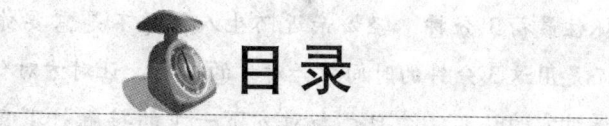

第一章 亲近陌生人，先搞懂自己

在你想亲近别人之前，先要搞懂自己。除了进行必要的自我审视之外，还得正视自己的性格和习性，进而有所修行。而当你把自己搞懂的时候，那么你会发现，与陌生人交往起来，并没有想像的那么困难。

1. 调节恐惧情绪，突破心灵阻力 ………………………………… 2
2. 消除紧张心理，坦然面对陌生人 ……………………………… 5
3. 亲近陌生人，先搞懂自己 ……………………………………… 7
4. 克服害羞，是战胜自己的第一步 ……………………………… 10
5. 告别心理障碍，从"心"喜欢社交 …………………………… 11
6. 主动结交陌生人 ………………………………………………… 15
7. 接触陌生人需要爱心 …………………………………………… 18
8. 与陌生人接触需要避免的错误 ………………………………… 20
9. 搞懂自己需要提升内在修养 …………………………………… 23
10. 社交是磨炼人的战场 ………………………………………… 25
11. 打破自我封闭的心墙 ………………………………………… 28
12. 自信是结交陌生人必备的素质 ……………………………… 31

第二章　抓住最初 3 分钟，轻松亲近陌生人

抓住最初 3 分钟，轻松亲近陌生人，并不是需要你滔滔不绝地述说，而是用这 3 分钟的时间打开对方的心扉，让对方对你产生好感，进而获得对方的认可，为自己与对方下一步的接触打下良好的基础。所以，心理学家指出：在与陌生人打交道时，3 分钟就能决定你的成败。

1. 初次见面就让人记住你 ………………………………………… 36
2. 与陌生人交往的小窍门 ………………………………………… 39
3. 与陌生人搞活气氛，拉近彼此之间的距离 …………………… 43
4. 与陌生人保持微笑是一种本领 ………………………………… 47
5. 3 分钟之间亲近陌生人 ………………………………………… 50
6. 激发对方的谈话欲望 …………………………………………… 53
7. 结识陌生人 ……………………………………………………… 57
8. 与陌生人增进友谊，从恰当的称呼开始 ……………………… 59
9. 与陌生人打交道，会听比会说更重要 ………………………… 61
10. 向陌生人介绍自己的艺术 ……………………………………… 65
11. 从一开始就让陌生人说"是" ………………………………… 69
12. 激发共鸣，其乐融融 …………………………………………… 71

第三章　瞬间识人术，透析陌生人众生相

我们生活在一个纷繁复杂的社会中，每个人都要与形形色色的陌生人打交道。如果我们具有识人本领，不仅可以看透陌生人的内心所想，而且还可以摸清对方的脾气，对症下药，从而赢取主动，应对一切变化。所以，能够懂得瞬间识人术，快速、准确地对陌生人作出判断，对

搞定陌生人来说是非常重要的。

1. 表情是观察他人的显示器 ……………………………… 76
2. 洞察力是认识陌生人的第一步骤 ……………………… 79
3. 学会察言观色 …………………………………………… 82
4. 通过行动亲近陌生人 …………………………………… 84
5. 透过表现看清陌生人 …………………………………… 86
6. 通过着装破译陌生人内心 ……………………………… 88
7. 眼神是一个人心灵的窗口 ……………………………… 91
8. 通过神情了解陌生人的内心活动 ……………………… 94
9. 识人有术 ………………………………………………… 97
10. 鼻子出卖了你的心 ……………………………………… 99
11. 通过举止探秘陌生人心理 ……………………………… 101

第四章 妙语沟通，主动结交陌生人

具备结识陌生人的能力，就能扩展个人的活动范围，更容易把事情做好、得到多数人的支持，更能倾听到不同特点的朋友的建议，成就一个全新的自我。所以说，妙语沟通，主动结交陌生人是当今人们必须具备的一项能力。

1. 如何与陌生人交谈 ……………………………………… 106
2. 巧设开场白，打动他人心 ……………………………… 108
3. 找到共同点，拉近彼此之间的距离 …………………… 112
4. 好口才，让陌生人不再陌生 …………………………… 115
5. 赞美能让新人变故交 …………………………………… 118
6. 会说话，轻松亲近陌生人 ……………………………… 123

7. 找到话题，谈话融洽自如 …………………………………… 125
8. 让初次见面的人感到相见恨晚 ……………………………… 129
9. 讲话，要找到共同的话题 …………………………………… 131
10. 如何让陌生人喜欢你 ………………………………………… 133
11. 多了解对方，缩短与陌生人之间的距离 …………………… 136

第五章　良好的礼仪，让陌生人对你"一见倾心"

　　礼仪和交际对每个人来说都很重要，二者相辅相成，没有明显的界限，这是人际交往与沟通的必要组成部分。交际礼仪看似简单，其实是一门很深的学问，在与陌生人接触的过程中，得体的礼仪有助于给初次相识的人留下好的印象，赢得对方的尊重，有助于建立广泛的人脉关系，使你在人际交往及商务活动中游刃有余，事半功倍。

1. 亲近陌生人需要社交礼仪 …………………………………… 140
2. 握手有利于情感的传递 ……………………………………… 141
3. 面对陌生人要注意自己的举止 ……………………………… 144
4. 语言有礼，才能吸引人 ……………………………………… 148
5. 你的形象是无形资产 ………………………………………… 151
6. 注重细节，锦上添花 ………………………………………… 154
7. 不可忽视仪容仪表 …………………………………………… 157
8. 用结束语续写友谊 …………………………………………… 159
9. 问候能迅速拉近双方的距离 ………………………………… 162

第六章　运用心理战术，让陌生人亲近你

　　同样的一句话，不同的人说出来，会产生不同的效果；同样一件事

情，不同的人做出来，结果也会大相径庭。从心理学的角度剖析与陌生人交往的真实内涵，洞悉陌生人的真实心理，掌握与陌生人交往的基本方法和技巧，构建与陌生人交往的策略，运用不露痕迹的心理战术，让陌生人对你一见如故，从而有效地与陌生人建立友谊。

1. 与陌生人交往的心理法则 …………………… 166
2. 人最难忘的是第一印象 ……………………… 169
3. 把握好与陌生人的距离 ……………………… 172
4. 像磁铁一样的亲和力 ………………………… 175
5. 与陌生人打交道就是这么简单 ……………… 177
6. 找到认同感 …………………………………… 179
7. 轻松化解尴尬与分歧 ………………………… 182
8. 过程决定一切 ………………………………… 184
9. 降低姿态，赢得陌生人好感 ………………… 186

第七章　谈事有策略，让陌生人心甘情愿被说服

　　在人际交往中更多的时候是策略的较量，与陌生人交往的策略直接决定一个人做事成功与否，与陌生人打交道的第一要诀是要有头脑。也就是说，在你与对方进行交谈的过程中，要不断地进行观察，观察他的举动，思考他的这种举动的意思，也就是要边聊边悟，进而将陌生人掌控在自己的手中，然后从他的需求出发，将其俘获，从而将一个陌生人打造成一个能与自己互相帮助的朋友。

1. 亲近陌生人需要注意的问题 ………………… 190
2. 与陌生人谈事策略的要求和禁忌 …………… 192
3. 借力使力，迂回沟通 ………………………… 194

4. 给初次见面的人足够的自尊 …………………… 196
5. 攻心为上 …………………………………………… 198
6. 初次约会，巧妙表达爱意 …………………… 201
7. 善于满足对方的需要 ………………………… 204
8. 激将法是与陌生人办事的必修课 ……………… 206

第八章　几种与陌生人交流的重要方式

　　生活中，我们无法避免与陌生人发生各种各样的关系，无法避免要与陌生人进行各种交流。多和一个陌生人说话，你也许就会多一位朋友；多和一个陌生人说话，你也许就会多一条信息；多和一个陌生人说话，你也许就多一个思想；多和一个陌生人说话，你也许就多一些机遇；多和一个陌生人说话，你也许就会多一份财富。

1. 电话沟通技巧 …………………………………… 210
2. 宴请技巧 ………………………………………… 213
3. 理性面对陌生人 ………………………………… 216
4. 求职面试技巧 …………………………………… 218
5. 演讲的口才技巧 ………………………………… 220
6. 说服陌生人的技巧 ……………………………… 223
7. 谈判技巧 ………………………………………… 225
8. 辩论技巧 ………………………………………… 227

# 第一章

亲近陌生人，先搞懂自己

在你想亲近别人之前，先要搞懂自己。除了进行必要的自我审视之外，还得正视自己的性格和习性，进而有所修行。而当你把自己搞懂的时候，那么你会发现，与陌生人交往起来，并没有想像的那么困难。

1. 调节恐惧情绪，突破心灵阻力

现实生活中，不少人由于内向的性格或消极的人生态度，会害怕跟陌生人交谈，拒绝参加社交活动，也就是我们说的社交恐惧症。

然而，现代社会纷繁复杂的人际关系中，不可避免地要与陌生人打交道：你可能需要和陌生人进行交谈，需要在公众场合发表你的意见，或是在谈判、晚宴等各种社交场所与陌生人斡旋。每到这时，你往往就会感觉到不安，表现失常。其实，这是社交恐惧在作怪。这种恐惧使你远离人群，不能正常地社交，给你的生活与工作带来了很多问题。因此，想要成功地和陌生人打交道，你首先要做的就是调节恐惧情绪，突破心灵阻力。

那么，什么是恐惧？它的根源源于何处？为什么它能困扰人们的思想，使那么多人变得胆小懦弱、不敢与陌生人接触呢？其实恐惧并没有我们想象的那么可怕，恐惧只是一个单纯的思想问题，是想象中的妖魔鬼怪，当我们意志坚定、战胜自己强大内心的时候，它对我们并没有任何威胁。

于盈盈是一名刚刚毕业的大学生，虽然她成绩优异，但她长期以来一直经受着社交心理障碍的困扰和折磨。她从小性格内向、胆小、孤僻，再加上父母管教严格，除了学校和家，她很少在外面玩耍。

上了大学，她更加害怕和人接触。她认为自己是个怪人，怪毛病就是恐惧。上大学以来，就连自己身边的同学，她都不敢多说话，与人讲话时不敢直视对方，眼睛躲闪，像做了亏心事。一说话脸就发烧，低头盯着脚尖。她不愿与其他同学接触，觉得别人讨厌自己，在别人眼中是个"怪人"。更为严重的是，现在她连在自己的亲友面前都感到极"不自然"了。

毕业了，同学们都忙着投简历，参加各种招聘会，而她看到面试官就脸红心跳，说不出话来。为此，她懊恼极了，不知道该如何克服这个毛病。

无疑，于盈盈就是有恐惧陌生人心理障碍的那种人。而导致她不敢与人交往的原因，多半源于恐惧。这样的人在与陌生人接触的时候，会习惯性地用冷漠把自己包裹起来。

可见，"陌生"就是人际心理的距离，你越是害怕与陌生人打交道，你的人际交往能力就越差，与别人的人际心理距离就越大。当你克服恐惧情绪之后，你就会变得越来越强大，也就更加喜欢与陌生人接触，更不会再受社交恐惧的折磨。

那么，如何摆脱与陌生人交往的恐惧心理呢？

第一，摆脱惧怕观念。

我们知道惧怕与陌生人交往是一种心理疾病，其实，它更是一种观念问题。让我们来假设一种情形：如果我们周围所有的人在与别人接触时，都会感到紧张、心慌、面红耳赤、语无伦次，而且这种症状越明显，越合理，越受人欢迎，那么陌生人恐惧症的的患者就不会再感到担心和害怕了。因此，治疗陌生人恐惧症的关键就在于让患者放下心中的"担心"，一旦"担心"被放下，陌生人恐惧症就可能在极短的时间内获得治愈。

第二，不要过高估价陌生人。

处处高估陌生人，认为自己不如他，甚至一无是处，这是不对的。应当多想一想自己的长处，以此增强你的自信心，进而达到消除和缓解紧张的目的。

第三，多参加一些集体活动。

害怕与人交往的人越是害怕便越是容易逃避，越是逃避越是害怕。所以，要尽量多地参加一些集体活动来克服这种障碍，当你与人交往的次数多了，自然也就不害怕了。

第四，直接向对方表达自己的紧张和焦虑感。

比如当你去拜访一位陌生领导的时候，为了消除自己的紧张情绪，你可以说"您好！见到您很高兴，但是由于很仰慕您，所以见到您有点紧张！"，当你向陌生的对方表达出自己的心声之后，那么，你的紧张和焦虑感也就随之减少了很多。

第五，拥有一颗平常心

以平常心来对待，也就是当你在与陌生人接触时，不要把对方看得很重要，保持顺其自然的心理，该做什么事就去做什么事，坚持把自己该做的事和能做的事做好。

第六，借助深呼吸

当你在社交场合中感到紧张时，可以找一个不引人注目的角落，以尽可能慢的速度做几次深呼吸，同时在心里默念：放松、放松。

生活中离不开与陌生人的沟通和交往。社会是一个大家庭，是由熟识的人、陌生的人、半熟识的人、半陌生的人组合而成的，正因为这些人彼此交往、相识、沟通等，这个家庭才充满如此的生气和活力。所以，我们应该勇敢地迈出和陌生人交流的第一步，学会与陌生人相处，这既是为了自己，也是为了别人，更是为了大家的和谐相处。

一语亲近陌生人

让自己轻松起来，不要为自己的交往设限。我们的人际圈中既需要老朋友，也需要新朋友。

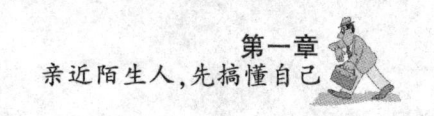

2. 消除紧张心理，坦然面对陌生人

生活在大千世界中，我们时时处处都会遇到陌生人，无论是有意识的，还是无意识的，陌生人都会经常性地出现在我们身边，他们就是生活在你我身边的各种人，如果你想拓展自己的人脉交际网，就要学会与陌生人沟通，学会与陌生人交朋友，这是打开人脉关系网必经之路。

但是，我们也不可否认，一提到陌生人，很多人就会想到不了解、不确定性与危险因素等，于是，与陌生人交往，就会在不自觉中产生了防范心理。而这也就使得大多数人就把自己的社交圈子紧紧地锁定在熟悉的人身边，构建所谓的"熟人社交圈"，期望自己只与熟识的人一起学习、工作、娱乐、共事。殊不知，这种认识是一个误区。

与陌生人进行交流，是积累人脉的一个必不可少环节。但总有一些人无法轻松地与陌生人展开交流，一旦见到一个陌生人，他们在心里就会出现无助、紧张，甚至出现冒冷汗、哆嗦，以及心慌气短等诸多社交障碍。这种对社交生活和群体的不适应而产生的紧张心理，它是阻碍你扩展社交圈的最大障碍。

那么，怎样才能消除这种心理，并设法把陌生人变成朋友呢？

（1）做一些克服羞怯的运动

如：将两脚平稳地站立，然后轻轻地把脚跟抬起，坚持几秒钟后放下，每次反复做30次，每天这样做2～3，可以消除心神不定的感觉。

（2）学会专心地、毫无畏惧地看着别人

当然，对于一位害羞的人，开始这样做有一定的困难，但是，你非学不可。试想，你若老是回避别人的视线，老是盯着一件家具或远处的墙角，不是显得对人很没礼貌，很幼稚吗？难道你和对方不是处在一个同等的地位吗？为什么不拿出点勇气来，大胆而自信地看着别人呢？

（3）拓展你的视野，丰富自己

有时你的羞怯不完全是由于过分紧张，而是由于你的知识领域过于狭窄，或对当前发生的事情知道得太少的缘故。假若你能经常读些课外书籍、报刊杂志，开拓自己的视野，丰富自己的阅历，你就会发现，在社交场合你可以毫不困难地表达你的意见。这将会有力地帮助你树立自信、克服羞怯。

（4）在心目中建立一种乐于与人交朋友的愿望

你要设法把陌生人变成老朋友，首先要在心目中建立一种乐于与人交朋友的愿望，心里有这种要求，才能有行动，也才能结交到更多的朋友。

懂得怎样无拘无束地与人结识，是人们必备的一个社会生存技能，这能使我们扩大自己的圈子，并使生活变得更丰富。

不仅如此，最近，国外心理学家指出，和陌生人交谈有三大好处：

和陌生人交谈可以体现和加强一个人的自信。心理学实验表明，人类很多特性的分布都有一个规律：特别好和特别差的人各只占2%左右，中间水平的占96%，也就是说绝大多数的人都是差不多的。所以，和陌生人交谈，碰到正常人的几率远大于碰到一个坏人。和正常的陌生人进行一次交谈，可能让我们吸收到新信息，也可能验证我们对人性的一些观念，还可能感受到人与人之间的热情、信任，这些良性的结果必定能增强一个人生活的信心。

和陌生人交谈，还能体现个人独立性，有助于人格发展。和熟人打交道，说话的方式依附于社会关系，服从说话人的身份，很多时候并非是个人独立意志的表达。和陌生人说话则不一样，互相之间常常作为独立的个体交往，彼此没有切身的利益关系，双方见到的都只是眼前的这个人，不会特殊关照也不会有什么成见，相对客观、平等，这种完全对等的关系，对青少年时期的人格成长是很有帮助的。

和陌生人交谈，更能锻炼口才和人际沟通艺术。熟人之间，彼此都很了解，不会很注意说话的方式和技巧。而与陌生人之间的交往从零开始，需要有意识地运用沟通技巧来建立关系，人际沟通能力和口才就会得到提高。

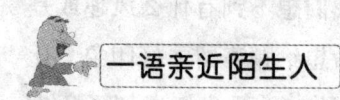

一语亲近陌生人

在现实中，许多人似乎都有"紧张心理"。因此，消除紧张心理、坦然面对陌生人是每个渴望拓展社交圈的人必须解决的问题。

3. 亲近陌生人，先搞懂自己

回头看你的人生经历，你可能会发现，在一些人生的转折点上，给你带来机缘和帮助的常常并不是你的老熟人，而是刚结识不久的新朋友。这并不奇怪。熟人和你的交集早已确定，很难超越你固有的生活轨道。而陌生人和你来自两个不同的空间，交集越少，差别越大，你们之间反而更能够碰撞出火花。

所以，懂得自由自在地与人交往，是一个人必备的一项社会生存技能。这不仅能丰富我们的社交圈，而且能丰富我们的生活。试看，我们身边的朋友，很多也都是从陌生逐渐变成熟悉，所以，与陌生人接触是搞活关系必经的一步。这种社交能力不仅能为你开拓你的人脉网，而且还能提高你的交际应酬能力。

但是，我们也不可否认，许多人和初次见面的人进行沟通的时候都会感到拘谨。遇到这种情况，你不妨先考虑这样一个问题，为什么你跟比较熟识的朋友谈话不会感到困难？道理很简单，因为你们已经是相当熟悉，相当了解的朋友了，在一起自然会感到轻松自如。但当你面对的是一位陌生人或者是陌生群体的时候，这种不自在和恐惧的心理就油然而生。

美国一位著名记者怀特曼曾这样说过，与初次相识的人见面产生恐惧心，我们大家都曾有过，例如：在聚会上我们想不到有什么风趣或是言之有物的话可说的时候，在推销商品中拼命想给顾客留下好印象，让他们购买我们的东西。实际上，无论何时何地，只要我们遇到了陌生人，心里都会忐忑不安，不知道该怎样与对方进行沟通。

然而，我们不妨回想一下，如今，我们身边已经熟识的朋友哪一个不是由原来的陌生人演变而来的呢？正因为这样，所以怀特曼又说："世界上没有陌生人，只有还未认识的朋友。"所以，我们遇到陌生人无须忐忑不安，我们所要做的就是想办法亲近陌生人，让自己的友谊之树开花结果。

那么，如何亲近陌生人呢？

第一，在你决定和某个陌生人谈话时，不妨先介绍自己，从而给对方一个接近的线索。

你不一定先介绍自己的姓名，因为这样人家可能会感到唐突。不妨先说说自己的工作单位，也可问问对方的工作单位。一般情况下，你先说说自己的情况，对方也会相应告诉你他的有关情况。

第二，你可以问一些有关他本人的而又不属于秘密的问题。

如果对方的年龄较大，你可以向他问子女在哪里读书，也可以问问对方单位一般的业务情况。对方谈了之后，你也应该顺便谈谈自己的相应情况，才能达到交流的目的。

第三，重视已知的线索。

和陌生人谈话，要比对老相识更加留心对方的谈话，因为你对他所

第一章
亲近陌生人，先搞懂自己

知有限，更应当重视已经得到的任何线索。此外，他的声调、眼神和回答问题的方式，都可以揣摩一下，决定下一步是否能纵深发展。

第四，主动向陌生人示好。

你可能有过这种经历：在一个相互都不熟悉的聚会上，90%以上的人都在等待别人与自己打招呼，他们也许认为这样做是最容易也是最稳妥的。但其他不到10%的人则不然，他们通常会走到别人面前，一边主动伸出手来，一边作自我介绍。

主动向别人打招呼和表示友好的做法，会使对方产生"他乡遇故知"的美好感觉和心理上的信赖。如果一个人以主动热情的姿态走遍会场的每个角落，那么，他一定会成为这次聚会中最重要最知名的人物。

特别需要指出的是，有些陌生人你可能不太喜欢——尽管只是刚刚见面，可是也应该学会与他们谈话。要知道，人都有以自我兴趣为中心的习惯，如果你对自己不感兴趣的人不瞥一眼，一句话都不说，恐怕也不是一件好事。你可能被人认为是骄傲，甚至有些人会把这种冷落当做侮辱，从而与你产生隔阂。

所以，和陌生人谈话时，要把握以下两点：第一要有礼貌；第二不要接触有关双方私人的事。这是为了使双方自然地保持适当的距离，一旦你愿意和他结交，就要一步一步设法减小这种距离，使双方融洽相处。

总之，想要亲近陌生人，先要搞懂自己。这是你与陌生人交往的最大障碍。

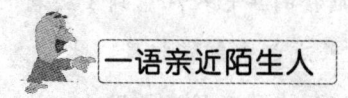

一语亲近陌生人

世界上没有陌生人，只有还未认识的朋友。

4. 克服害羞，是战胜自己的第一步

在生活中，我们经常会与陌生人发生各种各样的关系，与陌生人交往的最大障碍就是害羞。它就像一根潮湿的火柴，永远也不能点燃成功的火焰。在这种害羞心理的影响下，很多人总是表现得犹豫不决、缩手缩脚，舌头打滚、语无伦次。这就像一个初次登台的演唱者，无论他在台下准备得如何充分，但演唱效果却并不会很好一样。这些在生活中司空见惯的问题不仅会影响你的社交活动，缩小你的人脉资源；而且还会给你的日常生活和工作设置很多障碍。

可见，如果你能克服社交中的的害羞心理，那么，你就可以和陌生人很轻松的交往了。

美国前总统富兰克林·罗斯福的夫人艾莉洛出身名门，在这样的家庭背景熏陶下，正常来说，她应该拥有十足的自信心，然而，事实却与我们的推算相反。在她的内心深处，她一直认为自己是个笨拙的丑小鸭：长相平凡、举止羞涩。而且，她的母亲、婶婶都是社交界名媛，在这种比较之下，她更认为自己像极了丑小鸭！所以，她十分不喜欢参加各种舞会。

然而，一次圣诞节舞会却使她发生了改变。

在这个舞会上，一位叫做富兰克林·罗斯福的年轻人注意到了艾莉洛，并上前邀请羞涩的艾莉洛跳舞，两人在舞池之中翩翩起舞，此刻，艾莉洛忘记了害羞，忘记了恐惧，全身心地沉浸在舞蹈的海洋里。但就从这一次邀请之后，艾莉洛战胜了害羞，成了一个拥有自信笑容的魅力女人。

艾莉洛给我们的启示是：很多时候，阻碍你与别人交往的并不是你的外表，而是你害羞的内心，许多人之所以产生社交恐惧，并不是因为他们不能成功，而往往是因为他们无法摆脱害羞的心理，自我设置了一条迷信和自卑的锁链，绑住了社交的双脚。

害羞可以轻而易举地毁掉一个颇具才华的人，因为在他的潜意识里总是认为："我不敢，我一定会被人嘲笑讥讽。"因此，一旦让他们出现在公众场合，他们却不敢去和别人沟通，白白丧失了结识新朋友的机会。

然而他们不明白，这样的害羞心理将会大大减弱自己的自信心，也同样会大大减少自己成功的机会。因此，在以后的社交中，害羞的你应该多想一些和陌生人交流的乐趣，大胆地同陌生人交流，无论你是一个多么害羞的人，只要你勇敢地迈出了第一步，那么才会有以后的无数步。每个人都有每个人的阅历，每个人都有每个人的故事，所以，你必须战胜害羞，习惯与陌生人交流，这对你来说是有收获的。

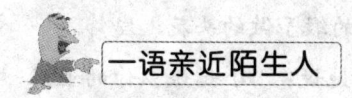

一语亲近陌生人

把陌生人当成熟人来交往，不要害羞，更无须惧怕，这样，陌生人会让你的生活变得丰富多彩。

5. 告别心理障碍，从"心"喜欢社交

一提到陌生人，很多人心里多多少少会有一些恐惧。因为陌生，就意味着自己对这个人的情况完全不了解，意味着很多危险因素的存在，意味着自己的安全区域要被打破。有这种担心是必要的，但是也用不着

· 11 ·

过于紧张，毕竟我们交往的是人，而不是猛兽。

有一则寓言，是说在某个小镇上有一个非常穷困的女孩子，她失去了父亲，跟妈妈相依为命，靠做手工维持生活。她非常自卑，因为她从来都没穿戴过漂亮的衣服和首饰。在这样极为贫寒的生活中，她长到了18岁。

在她18岁那年的圣诞节，妈妈破天荒给了她20美元，让她用这个钱给自己买一份圣诞礼物。

她大喜过望，但是她还没有勇气从大路上大大方方地走过。

她捏着这点钱，绕开人群，贴着墙角朝商店走。

一路上，她看见所有人的生活都比自己好，心中不无遗憾地想：我是这个小镇上最抬不起头来、最寒碜的女孩子。看到自己特别心仪的小伙子，她又酸溜溜地想：今天晚上盛大的舞会上，不知道谁会成为他的舞伴呢？

她就这样一路躲着人群来到了商店。一进门，她感觉自己的眼睛都被刺痛了，她看到柜台上摆着一批特别漂亮的缎子做的头花、发饰。

正当她站在那里发呆的时候，售货员对她说："小姑娘，你的亚麻色头发真漂亮！如果配上一朵淡绿色的头花，肯定美极了。"她看到价签上写着16美元，就说："我买不起，还是不试了。"但这个时候售货员已经把头花戴在了她的头上。

售货员拿起镜子让她看看自己。当这个姑娘看到镜子里的自己时，突然惊呆了，她从来没看到过自己这个样子，她觉得这一朵头花使她变得像天使一样容光焕发！

她不再迟疑，掏出钱来买下了这朵头花。她的内心无比陶醉、无比激动，接过售货员找的4美元后，转身就往外跑，结果跟一个刚刚进门的老绅士撞了一下。她仿佛听到那个老人叫她，但已经顾不上这些，就

· 12 ·

一路飘飘忽忽地往前跑。

她不知不觉就跑到了小镇最中间的大路上,她看到所有人投给她的都是惊讶的目光,她听到人们在议论说,没想到这个小镇上还有如此漂亮的女孩子,她是谁家的孩子呢?她又一次遇到了自己暗暗喜欢的那个男孩,那个男孩竟然叫住她说:"不知今天晚上我能不能荣幸地请你做我圣诞舞会的舞伴?"

这个女孩子简直心花怒放,她想:"我索性就奢侈一回,用剩下的这4美元回去再给自己买点东西吧。"于是她又一路飘飘然地回到了小店。

刚一进门,那个老绅士就微笑着对她说:"孩子,我就知道你会回来的,你刚才撞到我的时候,这个头花也掉下来了,我一直在等着你来取。"

真的是一朵头花弥补了这个女孩生命的缺憾吗?其实,并不是这样,真正弥补缺憾的是她自己的心态。

其实生活中与陌生人接触的机会非常多,只要你摆正心态,告别心理障碍,那么,在你与陌生人打交道的过程中就会获得很多快乐。

在一个公园里曾经看到过两句话:"世界上没有陌生人,只有还未认识的朋友。"那么,我们遇上陌生人,怎样才能好好利用这一刻呢?虽然我们没有灵丹妙药,但是有些方法可能对你有用。

(1) 坦白说明你的感受

例如,你可能在晚餐会对自己嘀咕:我太害羞,与这种聚会格格不入。或相反,你很喜欢。不管你怎么想,你要把你的感受向第一个似乎愿意洗耳恭听的人说出来。这个人可能就是你的知音。无论如何,坦白说出"我很害羞",或"我在这里一个人也不认识",总比让自己显得拘谨冷漠好得多。最健谈的人就是勇于坦白的人。这还有一个好处,如果你能坦诚相见，对方也会无拘束地向你吐露心声。

(2) 谈谈周围环境

如果你十分好奇，你自然会找到谈话题目。一次，有个人坐火车，身边坐了一位沉默寡言的女士；一连几个小时，这个人千方百计引她说话都未成功，等到还有半小时就要分手时，他们经过一个小海湾，大家都看到远处岬角上一座独立无依的房屋。她凝视着房子，一直到看不到它为止。突然她说道："我小时候就生活在像这种渺无人迹的地方，住在一座灯塔里。"跟着她忆述了那种生活的荒凉与美丽。话题由此而引开。

(3) 以对方为话题

比如，当你看到一个陌生的女士时，你可以说："你长得真好看。"也许，我们大多数人都没有说这种话的勇气，不过我们可以说："我远远就看见你进来，我想……"或是："你看的那本书正是我最喜欢的。"

(4) 提出问题

许多难忘的谈话都是从一个问题开始的。那么你怎么做，才能使谈话投机呢？要记住这一点：你对人家好奇，人家也对你好奇，你能增加他们的生活情趣，他们也能增加你的生活情趣。只由对方一个人说话，比由你一个人说话好不了多少。

毛病出在很少有人能认识到他们也要付出一点儿力。有时，他们认为自己害羞或平淡无味。而事实上，大多数人都是有趣的。

多罗西·萨尔诺夫在其著作中写道："实际上，即使一个充满缺点、脑筋糊涂和变化无常的人，也有其令人惊奇之处。"因此，当你和陌生人谈话时，你面对的是个谜一般的宝藏。他是个怎样的人？他会讲些什么故事给我听？

许多人都想说别人期待我们说的话，而且觉得自己与别人不同就担心。然而正因为有这种不同，人生才能成为大戏台。如果我们彼此坦诚相待，不为别的而只为互相了解，那么我们就能谈得投机，相见欢愉。

我们需要陌生人的刺激——一个跟我们不同，暂时是个谜的人。

此外，和陌生人见面还会多少对你有所影响。在最好的情况下，那是彼此心灵相通，意气相投，一次邂逅成为你以后生命的一部分。

不仅如此，与陌生人结识我们也许对世界会有一些小贡献，因为我们可能因此不把那些起初看起来和我们不同的人当成外人，而把他们当做像我们一样的人。所以你要敞开心扉，享受友谊。伸出手去结识别人吧，相逢何必曾相识。

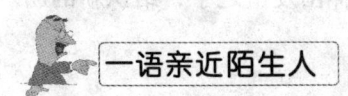

一语亲近陌生人

我们每天都会与许多陌生人擦肩而过，甚至还和他们身处同一环境中，只要你敞开心扉，想与他们打交道，你的生活就会绚丽很多。

6. 主动结交陌生人

生活中，很多人都不敢和陌生人交往，觉得和陌生人交往是一件很难的事情，但是在现实社会中，这是不切实际的，随着社会合作程度越来越高，我们不可避免地要去接触越来越多的陌生人，交际能力越来越成为我们不可或缺的生存技能。很多事情只是凭借熟人根本解决不了，还要借助陌生人的帮助。如果你想明白了这一点，就会领悟到，你应该主动结交陌生人，不仅不应该逃避，还要积极去交往。

生活中，人们时常会发出这样的叹息声，在跋涉了几十个年头之后，回头看一看四周，究竟有多少个知心的朋友，究竟有多少个知心人时，却心中黯然，于是就痛苦地发出寻求知音的呼唤。

中国古代先哲孔子曾说"三人行,必有我师焉",这是说在普通人中间就可以找到老师,其实我们又何尝不可以说,三人行,必有我友呢?

有些人胆子很小,不敢主动向对方问好。其实,这并不是一件难事。只要抛弃自己胆怯的心理,大胆地走上去跟他说:"我一直向跟你说话,但是我很怕接近你。"虽然这是单刀直入,但会令对方无法拒绝你。

所以说,人与人之间的交往都是从陌生开始的,若想结交更多的朋友,并不是一件难事。只要你能主动向对方伸出友谊之手,结识新的朋友将是一件轻松的事情。

在一家旅社的房间里,一位旅客正躺在床上看电视,另一位旅客泡了一杯浓茶,一边品茶一边观察这位看电视的旅客,说:"师傅来了很久吧?"对方答道:"哦,刚来不久。"

"听口音您是山西人?"品茶的旅客问。看电视的旅客说:"正是,我是山西大同人。您呢?""山东,德州。"品茶的旅客答道,然后又乐呵呵地说:"大同的风景名胜可真多啊。有悬空寺嘛,有云冈石窟真了不起,去年我还去那里玩了两天。"看电视的旅客听到对方聊起了自己的家乡,马上来了兴致,电视也不看了,和他聊了起来。一会儿说风景极佳,一定要去;一会儿又说小吃味道好,一定要尝。两个人越聊越来劲,俨然就像认识多年的好友。紧接着,两人互赠名片,一起进餐,睡觉之前居然签订了合同。大同的旅客从德州的旅客手里订购了一批货物,德州的旅客从大同旅客那里转入一批价格合理的煤矿。

由此可见,本是萍水相逢的陌生人,只要其中一个先伸出友谊之手,陌生人也许就会变成好朋友。就像我们每天上下班都在街头遇到的执勤警察、上下班都见面的汽车售票员一样,甚至我们住处旁边的卖小

第一章
亲近陌生人，先搞懂自己

物件的老大妈，他们都是一个个富有个性的人。再如，出游、吃饭、见客户等，我们都能认识新朋友，了解不同人物的性格，打破各自以前的生活方式，发现许多以前不曾发现的生活情趣。大家在彼此由陌生到相知，此时，你会惊奇地发现：原来在自己的生活圈子以外，还有一个非常精彩的世界。在自己生活的世界里，表面素不相识的人，其实都是热心肠的好朋友。

所以说，人缘不是鸟儿，不会自己飞来。要建立一个好人缘，支起一张人际关系网，你必须积极主动。光有想法是不够的，必须将它化为行动。

在这个世界上，各行各业都有许多出类拔萃的人物，他们的影响是非同小可的，努力和他们建立良好的关系，这对你的前途有时候是至关重要的。一味的等待只能使你错失良机，绝对不可能使你建立起良好的人际关系，你应该积极地一步一步去做。

在某些场合，你有许多接触他们的机会。如果你想让他们成为自己人际关系网中的一员，就必须付出像那些西方议员一样的努力去执著追求。假如你到一个新的环境，如机关、企业、学校等，在彼此都不认识的情况下，你要主动"出击"，以真诚友好的方式把自己介绍给别人。

此外，如果你想多结交一些朋友，就要主动地了解对方的志趣爱好。你可以通过多种方式去得到对方的信息，还要注意与其相处时积累一些有关他的情况。你可以通过他的朋友了解他的为人处世，也可以通过他的一些个人材料了解他。

可能有人会说，我又不是打算在社交上大出风头，我只是脚踏实地地干自己的，有什么必要去认识太多的朋友呢。如果你有这种想法，那么，我可以告诉你，马克·吐温也不是一个靠社交出风头的人，他的主要事业只是埋头写作，他只需要天才的大脑创作更多的幽默小说。然而，马克·吐温实际上有不少朋友，并且与朋友相处得非常好。他曾说过:"一个人,唯有善于把陌生人变成自己的朋友并相处得十分有趣味,那才会真正的快乐。"

所以说,人与人之间的交往是互动的、对应的一种行为。每个人都希望自己有良好的人际关系,但是如果你不主动地与他人交往,而等待别人找上门来与你交往,那是没办法获得良好的人际关系的。只有积极主动地与他人展开沟通与交流,才能不断地得到别人的认可,进而实现交往的目标。

一语亲近陌生人

有人说,大人物与小人物的最主要区别之一,就是大人物认识的人比小人物多得多。而大人物之所以能够认识更多的人,就是因为他们总是乐于和陌生人交往。从这一点上看,做一个大人物并不难,只要你能主动地把手伸给陌生人就可以了。

7. 接触陌生人需要爱心

当陌生人第一次走进你的视野,给你看的不一定是他真正的那一面,而你也不一定就能看准了他真实的本性状态。所以在与陌生人初步交往时,你要以宽容互补的心理去接受他,发现他的兴趣、思想和爱好。同时要修正自己的价值观,不能总是把自己坚硬的一面像盾牌一样举起来抵挡着对方对你的亲近,你需要做的是付出你的爱心,这样陌生人才能看到你的内心,与你友好相处。

福克斯说得好,只要你有足够的爱心,就可以成为全世界最有影响力的人。任何负面的情绪在与爱接触后,就如冰雪遇上了阳光,很容易

第一章
亲近陌生人，先搞懂自己

就消融了。如果现在有个人对你发脾气，你只要始终对他施以爱心及温情，最后他便会改变先前的情绪。

与陌生人接触需要表现自己的爱心，而一切情绪之中最有威力的也是爱心，但它以不同的面貌呈现出来。感恩也是一种爱，因而安东尼·罗宾喜欢通过思想或行动，主动表达出自己的感恩之情，同时也好好珍惜上天赐给他的、人们给予他的爱。如果我们时常心存感恩，人生就会过得再快乐不过了，因此请好好经营你那值得经营的人生，让它充满芬芳。

有一位推销员经常去拜访一位老太太，打算以养老为理由说服老太太购买股票或者债券，因此，他就常常与老太太聊天，陪老太太散步。经过一段时间，老太太就离不开他了，常常请他喝茶，或者和他谈些投资的事情。然而不幸的是，老太太突然死了，这位先生的生意泡汤了，但仍然前往参加了老太太的葬礼。当他抵达会场时，发现竞争对手、另一家证券公司竟也送来两只花圈，他很纳闷："究竟是怎么一回事呢？"

一个月后，那位老太太的女儿到这位先生服务的公司拜访他。据她表示，她就是另一家证券某分支单位（机构）的经理夫人。她告诉这位先生："我在整理母亲的遗物时，发现好几张您的名片，上面还写一些十分关怀的话，我母亲很小心地保存着。而且，我以前也曾听母亲谈起过您，仿佛与您聊天是生活的快事，因此今天特地前来向您致谢，感谢您曾如此鼓励我的母亲。"

夫人深深鞠躬，眼角还噙着泪水，又说："为了答谢您的好意，我瞒着丈夫向您购买贵公司的债券……"然后拿出40万现金，请求签约。对于这种突如其来的举动，这位先生大为惊讶，一时之间，无言以对。

这个例子犹如神话一般，却是真实发生在我们身边的事情，只是来得太意外。

然而不可否认的，这位先生关心年长者的态度是可取的，他希望老年人能靠储蓄愉快地享受余生，也愿意与他们讨论这方面的事情。这等于是带着"参与推销"的心情去拜访他们的。老太太的女儿之所以会这样做，就是因为被他的爱心所感动，才买下该公司的债券。

生活不免会接触一些陌生人，由于长期在这种快节奏生活下，人与人交往本身就很困难，而且都抱有一种防范意识，人与人在最初交往都能做到小心行事，随着时间的流逝彼此相互付出爱心，才能换取相互之间的一点信任。

所以说，我们这个社会需要爱心，给人以温暖，你才能得到回报。你是人，陌生人也是人，爱心是沟通彼此感情的桥梁，所以，让陌生人接受自己就需要足够的爱心。

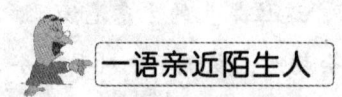

一语亲近陌生人

把陌生人当成熟人来交往，付出你的爱心和真诚，这样，陌生人会让你的生活变得丰富多彩。

8. 与陌生人接触需要避免的错误

虽然很多人素以自信著称，但是很多人不知如何接近陌生人，这一点已经不是什么新鲜事了。那么，生活中，如何结交陌生人呢？在亲近陌生人的过程中，我们必须注意避免下面几种错误。

（1）揭露对方的错处或隐私

心理学研究表明，谁都不愿把自己的错处或隐私在公众面前"曝光"，一旦被人曝光，就会感到难堪或恼怒。因此，在交际中，如果不是为了某种特殊需要，一般应尽量避免触及他人避讳的敏感区，避免使对方当众出丑。必要时可委婉地暗示对方，自己已知道他的错处或隐私，便可对他造成一种压力。但不要过分，只需"点到为止"。

在某著名大酒家，一位外宾吃完最后一道茶点后，顺手把精美的景泰蓝食筷悄悄"插入"自己西装的内衣口袋里。服务小姐不露声色地迎上前去，双手擎着一只装有一双景泰蓝食筷的绸面小匣子说："我发现先生在用餐时，对我国景泰蓝食筷颇有爱不释手之意。非常感谢您对这种精细工艺品的赏识。为了表达我们的感激之情，经餐厅主管批准，我代表酒店，将这双图案最为精美并且经严格消毒处理的景泰蓝食筷送给您，并按照酒店的'优惠价格'记在您的账簿上，您看好吗？"那位外宾当然听明白这些话的弦外之音，在表示了谢意之后，说自己多喝了两杯，头脑有点发晕，误将食筷插入内衣口袋里。并且聪明地借此"台阶"说："既然这种食筷不消毒就不好使用，我就'以旧换新'吧！哈哈。"说着，便取出内衣口袋里的食筷恭敬地放回餐桌上，然后接过服务小姐给他的小匣子，不失风度地向付账处走去。

（2）张扬对方的失误

在社交中，谁都有可能不小心弄出点小失误，比如念了错别字，讲了外行话，记错了对方的姓名和职务，或者礼节有些失当等。当我们发现对方出现这类情况时，只要是无关大局，就不必对此大加张扬，故意搞得人人皆知，使本来应被忽视的小过失，一下子变得显眼起来。更不应抱着讥讽的态度，以为"这回可抓住笑柄啦"，来个小题大做，拿别人的失误在众人面前取乐。因为，这样做不仅会使对方难堪，伤害其自尊心，或引起他的反感或遭其报复，而且也不利于树立自己良好的社交形象，容易给人留下为人刻薄的印象，在今后的交往中可能会使别人对你敬而远之，产生戒心。如果把每个人的失误都当成笑柄，你自己也就成了制造笑柄的人。

（3）过早说深交话

在交往中，我们结识了陌生人后，即使对陌生人有一定好感，但毕竟是初交，缺乏更深切的本质性的了解，不宜过早与陌生人讲深交、讨好的话，包括不要轻易为陌生人出主意。这很可能会导致"出力不讨好"。一旦陌生人按你的办法做了却行不通，就可能认为你在捉弄他。即使行之有效，他也不一定为几句话而感激你。所以，除非是好友，否则还是不说为妙。

（4）强人所难

有些事情，陌生人认为不能做，而我们认为应该做；或者对于某事，我们是箭在弦上，不得不发，而陌生人却又认为不该做，或做不了。这时不要把自己的意见强加给他。强人所难，是不礼貌，也是不明智的。

（5）说话不看时机

有的人说话时旁若无人、滔滔不绝，不看陌生人脸色，不看时机场合，只管满足自己的表现欲，这是不会社交的表现。说话应注意对方的反应，不断调整自己的情绪和讲话内容，使谈话更有意思，更为融洽。

俗话说：龙生九子，个个不同。人与人的性格、忌讳是各不相同的。在生活中，只要你试着放松起来，表现出热情大方而友好的姿态，敞开心扉，这样就能与陌生人打成一片。俗话说："没有不认识的朋友，只有没有与之打交道的陌生人。"只要你把握好与对方打交道的机会，就算你身在异地也不会感到孤寂。

一语亲近陌生人

从某种意义上说，每一个人对于我们来说都是陌生人。我们同每一个人的接触都是从陌生到熟悉。

9. 搞懂自己需要提升内在修养

亲近陌生人，搞懂你自己，需要提高自己的内在修养，因为内在修养决定着一个人的人生态度和精神状态。

作为这个社会的一分子，如果我们通过与陌生人接触，不仅能拓展自己的交际圈，同时还可以帮助别人，那是一种快乐的感受。

一个能够不断地独善其身并交际广泛的人，必然明白人生的意义，那种精神不是金钱、名誉、夸奖所能相比的。拥有良好的人际关系是无价的，如果人人都能效法，这个世界一定会比今天更美好。

要想搞懂自己，保持弹性的做事方法绝不可少。要你选择弹性，其实也就是要你选择快乐。在每个人的人生中，都必然会遇到诸多无法控制的事情，然而只要你的想法和行动能保持弹性，那么人生就能永葆成功，更别提生活会过得多快乐了。芦苇就是因为能弯下腰，所以才能在狂风肆虐下生存，而榆树就是想一直挺着腰杆，结果被狂风吹折。如果你能好好培养上述那些情绪，就必然会觉得人生充满快乐。

然而，你知道吗，内心的快乐跟脸上的快乐有很大的差别，前者能使你充满自信，对人生心怀希望，带给周围的人同样的快乐。脸上的快乐具有能消除害怕、生气、挫折、难过、失望、沮丧、懊悔及不中用的能力，假如遭遇了什么事，硬是在脸上浮现笑容，就会使人觉得再也没什么比这个更让你难受的了。

要想在脸上表现出快乐的样子，并不是说要你不去理会所面对的困难，而是要知道学会如何保持快乐的心情，那样就有可能改变你生活中的许多事情。只要你能脸上常带笑容，就不会有太多的困难能引起你的痛苦。

想让自己很容易便觉得快乐，你就必须充满活力。

这是很重要的一种情绪，如果你不能好好照顾自己的身体，那就很难享受到拥有它的快乐。你要经常注意自己是否活力充沛，因为一切情绪都来自于你的身体，如果你觉得有些情绪溢出常轨，那就赶紧检查一下身体吧。你的呼吸怎样？当我们觉得压力很重时，呼吸就会很不顺畅，这样就慢慢地把活力耗竭掉了。如果你希望有个健康的身体，那就得好好学习正确的呼吸方法。

另外一个保持活力的方法，就是要维持身体足够的精力。怎样才能做到这一点呢？我们都知道每天的身体活动都会消耗掉我们的精力，因而我们得适度休息，以补充失去的精力。根据研究调查，大部分的人一天睡6~7个小时就足够了。还有一个跟大家看法相反的发现，就是静坐并不能保存精力，这也就是为什么坐着也会觉得疲倦的原因。要想有精力，我们就必须"动"才行。研究发现我们越是运动就越能产生精力，因为这样才能使大量的氧气进入身体，使所有的器官都能活动起来。唯有身体健康才能产生活力，有活力才能让我们应付生活中各种各样的问题，由此可知，我们一定得好好培养出活力，这样也才能控制生活中的各种情绪。

当你的心充满一些具有活力的情绪，那么经由对人群的服务，可以让大家一同来分享富足。

如果你真心希望你的人生能不断成长，那么就得有像孩童般的好奇心。孩童是最懂得欣赏"神奇"的了，因为那些神奇，能占据孩童的心灵。如果你不希望人生过得那么乏味，那就让生活中多带些好奇心；如果你有好奇心，那么你便会发现生活中处处都有奥妙之处，你就能更好地发挥潜能。

这是个环环相扣的道理，你有必要好好去研究，好好发挥你的好奇心，那么人生便是永无止境的学习，其中全是发现"神奇"的喜悦。

第一章 亲近陌生人，先搞懂自己

一个人的内在修养决定着一个人的行为、言语，决定着他能否受到社会的欢迎。搞懂自己，需要与人接触。具备一定修养的人，就具有一定的吸引力；而没有修养的人就会显得行动粗野，令人讨厌，不会受到欢迎。

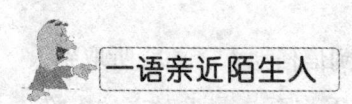

一语亲近陌生人

修养是个人魅力的基础，良好的修养能体现一个人的魅力和价值，其他一切吸引人的长处均来源与此。

10. 社交是磨炼人的战场

在社交场合，常常可以看到一些人虽然接触的是陌生人，但他们却能很快找到彼此有共同兴趣的话题，很善于与交往对象打交道，双方经过交谈加深了互相了解，彼此留下良好的印象，关系也可以进一步改善；还有一些人，见了陌生人后只会平淡地寒暄几句，然后就不知所措了。这两种人的差别在于社交能力的强弱。缺乏社交能力的人往往会人为地画地为牢，在自己与他人、与周围环境之间形成一道心理屏障。

一个人要想让初次见面的人对你产生好感，必须具备较强的社会交往能力，在任何场合都能应付自如、见机行事。社交能力是衡量一个人适应现代开放社会和的一条重要标准，从某种意义上说，人生存在这个世界上，就应是一个社会活动家，他必须视整个社会为自己工作的天地，具备与各式各样的人交往的能力。

善于交际除了具有经验和阅历外，还要拥有大量的信息，寻找一个双方都感兴趣的话题，在自己的周围吸引一批忠实的听众朋友。善于交际的人不能满足于只给对方留下热情非凡的印象，道别后就结束一切交际，而应该是一旦结识了新朋友，就需要不断巩固这种交往关系，使之常新，并成为永久的朋友。

为此，在交际过程中，应注意做好以下几点。

(1) 尊重他人

人是需要尊重的。尊重他人，首先要做到信任他人，虚心听取别人的意见，不要自以为是，妄自尊大；尊重他人主要是尊重对方的人格，对方的劳动和劳动成果，对方的习惯、爱好和感情；尊重他人就要以谦虚平等的态度待人。对别人的优点要赞扬、要学习，对别人的缺点和个性要宽容、要容忍。尊重他人还要礼貌待人。这样就会使对方感到你的热忱和诚意，而促进双方关系的融洽和发展。

(2) 诚实待人

在与陌生人接触的过程中，诚实的品格十分重要。只有诚实，才能在思想上互相了解，才能不分彼此、肝胆相照。在为人处世中，要堂堂正正，讲求信义，这样，就能在共同的工作、生活中，建立良好的人际关系。

(3) 要关心他人

"关心"能使对方得到理解，得到帮助，能促进人际关系和谐、密切。关心他人是出自心甘情愿的，不是来自对方的乞求，或者外部的压力，更不是想得到报偿。关心他人是一种给予和奉献，因为难免要做出个人的牺牲，如耗费财物、时间和精力，失去机会、名誉和地位等。关心他人完全是凭着信念和良心去行使一种义务。如果别人接受了你的关心，说明感情上已容纳了你的善良和真诚。切不可把别人的容纳和接受作为捞取个人名利的资本，否则对方会产生一种被欺骗的感觉，这样即使你的关心是真诚的，也难免会被人认为是"虚情假意"，反而破坏两个人和谐的关系。

第一章
亲近陌生人，先搞懂自己

（4）要相互谅解

要做到相互谅解，就需要有广阔的胸怀和宽宏的度量。常言道："大度采群朋"。能容人之短，严于律己，宽以待人，求同存异，携手并进。相互之间有了矛盾时，要正确对待，主动从自己身上找原因，当面交换意见，互相谅解、容让、勇于承担责任。有时即使对方做得不对，有损自己，也要宽大为怀，不能得理不让人。这样就会使做错事的朋友感到温暖，从而主动地认识自己的不足。矛盾一旦消除，就不计前嫌，不搞小动作。这种胸怀博大、气度宽宏的人，才能获得真正的友谊，才能在成才的路上不断前进。

（5）摒弃猜疑、嫉妒、自卑、羞怯、孤独等不健康的心理

有的在人际交往的某些场合，感到一种情不自禁的紧张、羞怯甚至是恐惧；有的感到事事不如人，缺乏信心，畏畏缩缩，裹足不前，这是人际交往的障碍，决心克服这些不良的心理障碍，是与初次见面的人获得良好交往的前提。

上面所谈各点是发展社交能力的基础素质，具备了这些属于道德品质、性格、气质方面的基础素质，那么，人际沟通等社交技巧也就很容易形成了。

所以，从这种意义上说，人际交往，就是一所使人得到全面发展的大学校，或者是磨炼人的一个大战场，许多人正是通过这个战场的锻炼获得了人生辉煌的成就。

一个聪明的社交高手，不论进入何种陌生的环境，面临何种不常见的人际关系，他都能迅速审时度势，对于具体事情或事理作出准确周密的估计，采取恰如其分的行动，处处做到言语得体、举止适度。由此而知，许多著名的外交家的非凡本领并非天生具备，主要是在长期的职业活动中、在频繁的社会交往活动中练就的硬功夫。

常言说得好："在水中学会游泳。"同样，只有在具体的交际实践

中才能练就那种过硬的本领，即只有社交这个大战场才能获得为人处世的高明本领。否则，如果断绝了一切社会交往，那么，你就会丧失起码的社会生存力。

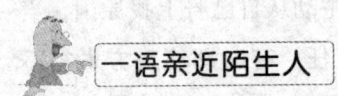

一语亲近陌生人

社交可以为你提供一个广阔的平台，使你的见识增长，心胸开阔，锻炼你为人处世的能力，更重要的是能够锻炼你的意志，使你的性格坚韧起来。

11. 打破自我封闭的心墙

人是社会的动物，只有在社会群体之中才能感受到自己的价值和意义，社交就成为一个人走向成功的重要途径。如果一个人自我封闭、与世隔绝，那么，他的一生就不会取得任何成就。特别是在我们今天这个社会里，不会交际，在社会生活中就难以立足。

有一位女孩叫小丽，读初中一年级。随着青春期的到来，她慢慢地产生了摆脱父母的心理，开始有自己的书房和小书桌，每天偷偷地写完日记后，藏在抽屉中，不让妈妈看。她希望用自己的内心去体验世界，可是面对纷繁的现实世界、复杂的人际关系以及沉重的学习压力，小丽又感到一种内心的不安全感。于是，她开始变得孤僻，害怕人际交往，在内心中产生一种莫名其妙的封闭心理。有时，她一个人跑到小河边望着宁静的河水流泪，顾影自怜。她渴望与同学进行交往，羡慕其他同学快快乐乐、无忧无虑地参加集体活动，可她却又害怕主动与别人交往，还抱怨别人对她不理解、不接纳。

这种心理特征就是心理自我封闭、与外界隔绝、孤单寂寞，生活在个人小圈子，难以与人交往，发展到一定程度，就成为一种心理疾病。

那么，为什么会产生这样一种自我封闭心理呢？

一般来讲，有这么几个原因：

第一，由于过分自尊的心理所致。

世界著名心理学家马斯洛的自我实现心理学，提出了人的自尊需要。其实，每个人都希望自己得到公众的尊重和喜欢，但是这种自尊的需要仅仅是自己本人的一种希冀，能否在事实上得到，则取决于公众对自己言谈、举止、行动的评价和肯定。如果说将自尊的需要作为一种行动去指导自己的行为，这本没有理论上的错误。问题是这种自尊不能过分。一个人在社交中过分自尊占据指导和支配地位，就会怕自己的行为是否失当，怕人们会怎么看待自己。甚至有时会因为过分自尊心理之故，而不愿与比自己强的人交往，担心相比之下，会掉自己的"价"，失去尊严。如此思来想去，就会把自己封闭起来，不与外界往来，孤家寡人，慢慢的就难以适应现代社会了。

第二，由于自卑情绪所致。

自卑是人们对自己虚设的一种自我否定，也就是说"自己瞧不起自己"，缺乏自信和自强。这种心理一般表现为害怕失败，或者说不能正确对待失败，不敢面对缺乏能力的自己，刻意逃避自己，事实证明，有自卑感的人，总是畏畏缩缩，社交时自然"不战自败"。

在现实生活中，很多人到一个陌生的环境会大感不适应，其主要原因就是害怕在与陌生人进行语言沟通时说错话而被人耻笑。这种自卑心理自然会使他们经常无端地默默地指责自己某个时刻某句话说得唐突了，因而破坏了与人沟通的气氛。这种"自恨"只能使自己更紧张，丝毫无助于自己人际关系能力的提升。越是提醒自己下次不可再说错话，越容易说错话。

第三，由于无知所致。

一位西方心理学家指出："愚昧是产生惧怕的源泉，知识是医治惧怕的良药。"例如他人正在谈论一个话题，如果一个根本不懂此类知识的人，在这种社交场合下，他若是不介入谈论，就会明白地告诉他人自己是无知于此道，若是介入谈论，便会由于无知而"出丑"，所以这种进退维谷的局面，便会使他封闭自我，不参与社交，孤立于一隅。

由于自我封闭阻隔了个人与社会的正常交往，便会使人认知狭窄，情感淡漠，人格扭曲，最终可能导致人格异常与变态。

封闭心理的自我调节，往往是具有很大难度的，需要自我意识觉醒，需要人们具有成功意识。

第一，要乐于接受自己。

学会将成功归因于自己，把失败归结于外部因素，不在乎别人说三道四，"走自己的路"，乐于接受自己。

第二，必须明白每个人都是社会的一员，都需要走向社会，才能在社会生活中实现自己。

每个人都需要提高对社会交往与开放自我的认识。交往能使人的思维能力和生活机能逐步提高并得到完善。交往能使人的思想观念保持新陈代谢。交往能丰富人的情感，维护人的心理健康。一个人的发展高度，取决于自我开放、自我表现的程度。克服孤独感，就要把自己向交往对象开放；既要了解他人，又要让他人了解自己，在社会交往中确认自己的价值，实现人生的目标，成为生活的强者。

第三，学会运用精神转移法来进行自我调节。

将过分关注自我的精力转移到其他事物上去，以减轻心理压力。如练字、作画、唱歌、练琴等。自我封闭就是过分关注自己，学习某种技能，学会某种本领就会提高自信心。同时，注意力就不会集中在自己身上，慢慢就会与他人正常接触。

第一章 亲近陌生人，先搞懂自己

自我封闭者要敢于正视现实，勇敢地介入社会生活，找机会多接触和了解外人，扩大与外界的交往。这可以从最容易的事做起，逐步完成复杂的事物。

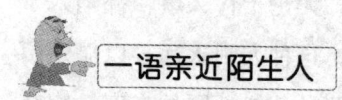

一语亲近陌生人

人是社会的动物，只有在社会群体之中才能感受到自己的价值和意义。

12. 自信是结交陌生人必备的素质

一个人在与陌生人接触的时候，一定要在跟陌生人接触的头几分钟里尽量显得自信，千万不可有胆怯的心理，然而，由于有些人胆子很小，一与陌生人接触，马上想到"自己不如人家漂亮"、"自己不如人家有风度"、"自己不如人家有学识"……社交中的人总是习惯性地把自己不同的缺点与他人的优点相比较，结果导致自己在面对陌生人的时候越来越没自信，渐渐地，不敢主动向对方问好，甚至根本没和陌生人接触，就已经退缩回来了。其实，和陌生人接触并不是一件难事。只要抛弃自己胆怯的心里，大胆地走上去跟他说话。那么，你就会发现，和陌生人接触并不是一件很困难的事。

在日常交往中，有些人怕见陌生人，见到陌生人，似乎思维也凝固了，手脚也僵硬了。本来伶牙俐齿，却变得说话结巴；本来笨嘴拙舌，此时，嘴巴更像是贴上了封条。这种状况怎能有一个好的交际圈子呢？要克服这种胆怯心理，关键是要自信。有了自信心，你就能谈吐自如，思路清晰，给别人留下好的印象。

自信和自卑是一个人面对自己时截然不同的两种心态。有的人无论在什么时候，什么条件下，或在干什么事，都对自己充满信心。这种人就是那些一步一步走入陌生人心里，与陌生人成为好朋友的人。而有的人却恰恰相反，无论什么时候，什么条件下，无论干什么事，都陷入了自卑而不能自拔，对自己已完全失去了信心，这种人则永远难以搞定陌生人。这两种人面对陌生人时之所以会产生两种截然不同的态度，完全是两种不同的心态使然。

金无足赤，人无完人。任何人生下来不可能完美，通过努力仍然会有诸多遗憾。把任何一个人放在一群人中，群体中总会有人在某些方面非常显眼。相比之下，你的很多方面都会不尽如人意，使你不满，与陌生人接触也亦然。然而充满自信的人在群体中却展示自己的优点，不断增强自己成功的信念。缺乏自信心的人则把自己的缺点与别人的优点放在一起比长短。比来比去，只能强化自己的自卑感。一个人能否与陌生人很好的交流，关键在于你是否有一个自信的心态。那么，如何抛弃自卑，找回你的自信呢？

艾菲在《我不再羡慕》这篇文章里讲述了一段自己的故事，对我们很有启示：

艾菲在16岁那年从山沟里跨进了大学的殿堂，浑身上下散发着土气。她没有学过英语；不会说普通话，不敢在公众场合说一句话；不懂得烫发能增加女性的妩媚；第一次看到班上男同学搂着女同学跳舞，她吓得心跳脸红。她上铺的丽娜是一个省城里的女孩子，能讲一口流利的普通话，一口发音准确吐字清楚的英语。丽娜见多识广。丽娜用白手绢将柔软的长发往后一束，用发钳把刘海卷弯。丽娜只要在公开场合出现，男同学就前呼后拥地争献殷勤。

浑身土气的艾菲处处与洋气十足的丽娜比较，比来比去，比得自己

第一章 亲近陌生人，先搞懂自己

一无是处，比得自己只剩下了遗憾与自卑。艾菲就这样被笼罩在自卑的阴影里难以自拔，整天只会重复着对他人的羡慕。

然而，有一次，当丽娜不厌其烦地描述着她8岁那年如何勇敢地从城西换一趟车走到城东时，艾菲突然想到，自己8岁那年独自翻越几座大山，把自己养的一头老黄牛从深山里找回来的往事。

从此艾菲不再羡慕丽娜，遗憾、自卑的心理阴影荡然无存，于是，艾菲又恢复了往日在大山中的自信。

我们所有的人如果和他人相比较，总会有很多方面不如别人，和别人存在着差距，就像艾菲和丽娜一样。两个人生长在两种截然不同、差异很大的环境中。丽娜具有的优点，艾菲未必会有。但反过来想，艾菲拥有的优点，丽娜也未必有。所以我们并不必为自己的缺陷而遗憾、自卑。正确的心态就是既了解自己的短处，又要了解自己的长处。不要让自己的缺陷为自己制造自卑，要尽量多想想自己的优点，使自己充满自信。

有些人开始往往会显得胆怯和紧张，说话吞吞吐吐，给人以窝窝囊囊的感觉，这是很糟糕的。因此，和陌生人说话要有信心，大胆去讲，即使讲错了也比吞吞吐吐强，对于知识性的问题，不要怕说不知道，不懂装懂反而会给人以不好的印象。自信是成功交际的第一秘诀，你的一言一行都要给人以可信的感觉。所以，要让初次见面的人认可你，你首先得充满自信。你的态度全部反映在你的举手投足之间。让他人认可你与可信程度之间的关系远超过你与初次见面人接触时间的长短。你必须使对方深信你是个可靠的人，才能让陌生人认可你。

据心理学家研究证实，一个人谈话时适当点缀些与自身利益相反的内容，会大大增加可信度。为了增加可信度，事先必须要做点准备。在接触陌生人之前，应尽可能地把你比较优秀的一面或者比较擅长的地方呈现出来。不仅如此，人在自信心的激励下，大脑皮层暂时的神经联系处于持续的兴奋状态，随之就能产生良好的竞技状态。一个运动员如果赛前有着高度的自信心，技术水平就能得到充分的发挥。相反，如果对自己没有信心，情绪不够稳定，比赛成绩必然会受到影响。对于交际中的人来说，自信是一种内在的驱动力和支撑力。由于自始自终地充满信心，那么，在你与陌生人接触的过程中，就会长期处于一种良好的心境中，思维开阔灵敏，语言风趣幽默，从而取得与陌生人交谈的成功。

当然，和陌生人交谈不是演说。在谈话过程中不能像演讲者似的只顾自己发言，而是要特别注意与对方的对话，要善于从对方的提问与谈话中窥测其兴趣爱好，自觉而敏锐地观察对方的反应。如果你只顾喋喋不休地把自己的话讲完，而不顾对方在想什么和讲什么，以及对你的话是否感兴趣，那么就难以谈得融洽。成功的交谈，应该是相互应答的过程。你必须保证自己的每一句话都是对方上一句话的继续，并能在自己的谈话中适当利用和重复对方的内容，达到彼此间的真正沟通。

要想克服"社交恐慌症"，首先要克服的就是自卑感。自卑不仅会使你陷于孤独、胆怯之中，而且会造成心理压抑。受这种心理的支配，人们就会越来越不敢主动去和陌生人交往，在社会上也越来越封闭。克服自卑感的方法有很多，最有效的就是对自己进行"心理暗示"。比如，在和陌生人交往感到恐慌时，你不妨想一想：我的社交能力虽然还不够好，但别人开始时也是这样的，不管做什么事，开始时都不见得能做好，多做几次就会更好了，其实大家都是这样的。所以说，自信是结交陌生人的必备素质。

一语亲近陌生人

拥有自信心，快速结交陌生人，已经成为各行各业的成功人士所不可或缺的能力。

第二章

抓住最初3分钟,轻松亲近陌生人

抓住最初3分钟,轻松亲近陌生人,并不是需要你滔滔不绝地述说,而是用这3分钟的时间打开对方的心扉,让对方对你产生好感,进而获得对方的认可,为自己与对方下一步的接触打下良好的基础。所以,心理学家指出:在与陌生人打交道时,3分钟就能决定你的成败。

1. 初次见面就让人记住你

没有自信的人首先要塑造个人风格，你必须事先决定想给别人留下亲切的印象还是强烈深刻难忘的印象，然后每次与陌生人见面时，就能散发出你想要的感觉。只要记住表情、姿势等黄金法则，应该就不会出糗了。至于服装打扮方面，如果你是个表现欲强的人，就必须打扮得很有个性。一个人，存在于这个纷繁复杂的大千世界中，本就不是一件易事。若要想让自己能在别人的心里、脑海里留下一些鲜亮的记忆，就更显艰难。

首先，恰如其分地介绍自己。

很多人都清楚地知道这样一点，初次见面，人们都有一种想了解对方，并渴望得到对方尊重的心理。这时，如果你能及时、简明地进行自我介绍，不仅能满足对方的渴望，而且对方也会以礼相待地自我介绍。这样，双方以诚相见，就为进一步交往奠定了良好的基础。而且，在参加社交聚会时，主人不可能把每一个人的情况都介绍得很详细。为了增进了解，你不妨抓住时机，多作几句自我介绍。

这样的时机有两种：一是主人介绍话音刚落时，你可接过话头再补充几句；二是如果有人表示出想进一步了解你的意向时，你可作详细的自我介绍。

其次，勇敢地与人交谈。

在一次陌生人云集的聚会上，你怎么可以让别人认为你是一个沉默寡言的人呢？不要说这里没有你所熟悉的人，其实有些看起来很亲昵的人很可能也是刚刚认识的朋友。所以，只要你勇敢地说出第一句话，你就已经成功了一半。

第二章
抓住最初3分钟,轻松亲近陌生人

你可以这样做,你先观察一下你身边的人,或者你感兴趣的人,看看他们是否有比较特别的地方。比如,有异国风情的配饰,或是一款你也非常青睐的手表。谈论这些细节很可能立刻吸引他们的兴趣。聊天的话题最好选择节奏感比较轻松明快的,开心地一笑,会瞬间拉近你们之间的距离。

当你遇到自己感兴趣的人时,为了给人们的第二次见面做好铺垫,你不妨直呼他的名字,说点无伤大雅的笑话,讲点轻松的小故事,这样就会给对方留下轻松和谐的印象。

但要注意的是,交谈中,尽量不要提出一些只能让人回答是或不是的问题。如果这样的话,那你等于在扼杀你们的谈话。所以,你应该给他人或自己留下展开话题的余地。而且,不要说出太随便的话,否则很有可能会冒犯到你新认识的朋友,使得你之前所作的努力全部因此而泡汤。

因此,在第一次见面中,你应注意以下几点:

(1) **敞开心扉**

初次见面,如果双方都不想让对方看透自己,觉得对方发现自己的弱点是个糟糕的后果,那结果只会是彼此拘束,不能畅所欲言、自由表现。只有敞开心扉,才能让对方很快记住:这个人很好,与他交谈很和谐,很轻松。

(2) **真诚自然**

有人把交际称为自我推销。既然推销产品时需要在"货真价实"的基础上作宣传,那么自我推销时也不能不顾事实而自我炫耀。因此,在交流沟通时,最好不要用"很"、"最"、"极"等极端的词汇,给人留下"狂"的印象;相反,真诚一点、自然一点的交流,往往更能使自己的特色闪闪发光,引起人们的注意。

(3) **考虑对象**

语言交际总是双向的，既有说的一方，也有听的一方。因此，说话的人就不能一相情愿地想说什么就说什么，而要从对方的年龄、职业、思想、性格等不同特点出发，要说恰当的话，即所谓"对什么样的人说什么样的话"。比如，有个小朋友读过作家冰心的不少文章，很敬重她。有一次见到她，这个小朋友问："冰心奶奶，您今年几岁了？""几岁"是问小孩子的话，用问小孩子的话来询问一个德高望重的老奶奶，不得体。如果说成"您多大年纪了"，就比较得体了。

人都是一回生、二回熟。"二回"不难，要说难就难在头"一回"。难在哪儿呢？难在面对的是陌生人，不知该从哪里说起，不知该说什么话，不知说的话会不会让人听了不悦……如果说得差则会使人反感，这辈子都不想与之打交道。所以，第一次交谈最好要一炮打响，才能为你以后的再次见面奠定基础。人与人交往，第一次见面说得好会给人留下深刻甚至终生难忘的印象。

总之，无论是哪个人，和知心朋友见面都会很开心和放松，然而和素不相识的人会面总会感到局促和紧张，并且顾虑重重。和初次见面的人面对面谈话，是一件不好受的事。因为两人之间的视线极易相遇，而导致两人之间的紧张感增加。因此，在见面之前，最好先拟定好一套推销自己的计划，想办法让初次见面的人记住你！这样，也就等于你已经成功了很多。

一语亲近陌生人

与人初次见面时，想让对方记住自己，最简单的办法就是要给对方留下深刻的印象。

2. 与陌生人交往的小窍门

不少人对陌生者有一种抵触心理，只看到别人的表面，如这个人夸夸其谈，我不喜欢，或者这个人深沉高傲，我不欣赏；或者这个人孤僻冷漠，我很讨厌；等等，按自己的喜恶观，贸然对陌生人进行定型、定性。

其实陌生人第一次走进你的视野，给你看的不一定是他真正的那一面；你也不一定就能看准了他真实的本性状态。所以在与陌生人初步交往时，你要用宽容互补的心理去接受他，发现他的兴趣、思想和爱好。同时，要修正自己的价值观，不能总是把自己坚硬的一面像盾牌一样举起来抵挡着对方对你的亲近。

那么，怎样才能和陌生人交上朋友呢？当然要有具体的行动，也就是说，一定要积极地走出去，扩大与人交往的机会。否则，人缘是不会主动走过来的。

一个人乘车出门，座位正好在驾驶员后面。不久，汽车抛锚了，驾驶员车上车下忙了一通，还是没有修好。这位乘客建议再查一遍油路。驾驶员将信将疑，下去查了一遍，果然找到了毛病。于是，在开车的途中，乘客便与驾驶员交谈起来。

乘客："你在部队待过吧？"

驾驶员："嗯，待了六七年。"

乘客："噢，算来咱俩还是战友呢。你是哪个部队？"

一对陌生人就谈了起来，后来还成了朋友。

陌生人之间接触的头3分钟是至关重要的，当你在社交场合中遇到陌生人，你应把注意力集中在他身上3分钟。很多人的生活将因此而改变。

你可以注意到，有的人并不专注于自己刚认识的人，他们不断地东张西望，似乎在寻找更加有趣的人。这种人在社交场合往往不受欢迎。道理很简单，如果谁这样对待你，你也一定不会喜欢他。因此，当你被介绍给新朋友时，你应当尽量保持对对方的兴趣，具体要做到如下几个方面：

（1）不要同陌生人争执

第一次同人谈话，要绝对避免同别人在任何问题上发生争执。不管是由于你，还是由于对方，只要引起争执，那就等于宣告谈话的失败，而且也可能就此宣告你同他今后再也谈不到一起了。

（2）平易近人，轻松自如地同陌生人交往

这就是说，在别人和你打交道的时候，不要让人有一种紧张感。有的人你很难同他打交道，很难接近，这往往是一个在交往中难以克服的障碍。而一个平易近人的人就很好相处，而且言谈举止都很自然。他会营造一种舒适、愉快、友好的氛围，和他在一起，绝不会让你陷入尴尬。一个表情僵硬、冷漠、毫无反应的人，是难以融入一个集体之中的，而他往往给人的感觉是桀骜不驯的、不合群的。你确实不知道该如何和他打交道，你也难以揣摩他的内心世界，不知道他会对你的言行做出怎样的反应。

（3）以借阅东西为契机

出门在外，特别是长时间乘车，有人总喜欢带几张报纸或一本杂志，以便无聊时翻阅。当你看到身旁的陌生人将看完的报纸放在一旁时，你不妨友好地问对方："能把报纸借我看看吗？"而当你把自带的报刊翻阅完后，没有必要马上收藏起来，可摆在显眼处，以便对方借阅。同本书刊相互翻阅后，就会发现共同的兴趣，自然可以交谈一下。

有了第一句，第二句，第三句就会源源不断。

（4）大方得体，不卑不亢

总的来说，具备这种素质的人首先得具备开阔的胸襟。因为那些特别看重别人对自己态度的人，那些害怕别人嫉妒自己的地位和名声的人，那些在生活中处于优势地位的人，是很少对别人施之以礼的。

美国前邮政部长詹姆斯·法利是个谦虚谨慎的人。一个有趣的事例表明，法利先生是一个知道如何让人喜欢自己的专家。那是发生在费拉德菲尔城举办的一次"读书和读者"会上的事。当法利先生和其他演讲者到宾馆去吃午饭的时候，他们在走廊遇到了推着餐车的女服务员。他们绕过餐车走了进去，这位服务员丝毫没有注意到他们。

这时，法利先生向她走了过去，并且伸出手说："嗨，你好，我是詹姆斯·法利。能告诉我你的名字吗？很高兴认识你。"

当这群人走过大厅的时候，一些人回过头看了看那位女孩，她嘴巴张得大大的，显得十分惊讶，但转而，她的脸上立即绽开了甜美的微笑。

这是一个在现实生活中取得成功的人士，在社交场合中平易近人，善于营造舒适、自然、轻松的气氛，拥有良好的人际关系的很好的例子。

（5）记住对方所说的话

记住对方说过的话，事后再提出来作为话题，也是表示关心的做法之一。尤其是兴趣、嗜好、梦想等，对对方来说，是最重要、最有趣的事情，一旦提出来作为话题，对方一定会觉得很愉快。此乃一种礼貌，也更容易引起别人好感。

（6）要忠诚和具有爱心

某大学的心理学系对那些受人喜爱的和不受人喜爱的人的性格做了

分析。他们对 100 种个性特征作了科学分析，指出：一个人要想赢得别人的喜爱就必须具备 46 个引起人们好感的个性特征。也就是说，你要想为大众所接受就必须具备许多的优秀品质。

要想让别人亲近你，你必须具备几个最基本的品质，这就是要忠诚、正直和具有爱心。事实上，只要你具备了这几种基本品格，你就具备了做人的基点。

（7）能够看清楚对方的动机、意图、心情、感受等

一个社交能力强的人，必定是个会分析的人，他们会分析自己行为的后果，会分析别人的可能行为，会盘算自己的利益和损失，而所有这些分析，都是在对可能出现的情况进行考虑以后作出的。因此，只有认知能力较高、善于察言观色的人，才能在复杂多变的情况下作出这些分析来。

（8）要善于克服自己的弱点

如果你不是一个能和陌生人很轻松自如交往的人，那你就应该对自己的性格作一些研究，设法消除你在交往过程中可能发生的自觉的、不自觉的紧张情绪。千万要注意，不要把别人不喜欢你的原因归咎到别人身上；相反地，你应该在自己身上找原因，而且要下决心找到解决问题的方法。

要做到这一点，就必须增强勇气，敢于解剖自己，甚至还需要一些性格方面专家的帮助。那些在你的性格方面的所谓"不利因素"或者说"弱点"，可能是你多年的生活习惯养成的，也可能是由你年轻时候的生活态度发展而来的。或许，你还一直把它们作为"自卫"的武器来使用，殊不知，它们却使你在无意之中伤害了别人。不管这些性格的弱点是如何产生的，只要你能对它们进行理性的分析，意识到讲行性格优化的重要性，通过一些对性格进行转变的训练，你是完全可以克服这些弱点的。

(9) 以热情助人为契机

当你发现身边的人拎着沉甸甸的包很吃力，而你空着双手，不妨帮对方拎一程；在火车上，你去打开水时，看见身旁乘客的杯子空着，可以顺便帮他捎上；对方的小物品掉在地上了，不妨主动帮他捡起来。主动帮助别人，显示了你的友好坦荡，别人就很愿意与你交谈，而且在你不方便的时候，对方也会主动帮助你。于是，你们在互相帮助中就拉近了距离，大家就有话可说了。

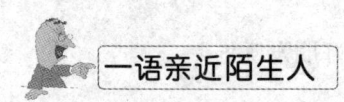

一语亲近陌生人

与陌生人交往，让陌生人亲近，虽然不是什么难事，但是在实践中，能真正知晓如何让陌生人亲近方法的人却并不多见。

3. 与陌生人搞活气氛，拉近彼此之间的距离

同陌生人交谈，要努力营造一种轻松愉快的气氛。首先从你自己做起，你同他谈话要直率而坦然。最要紧的是使对方不感到拘谨。在谈话过程中，要随时留心对方态度的变化。不要以为你感兴趣的，对方也一定感兴趣。对对方的兴趣，你倒是要充分尊重的。当对方谈兴正浓时，你千万不要打断他；而当对方兴趣转移时，你则不要纠缠原来的话题，而应随机应变地巧妙地引出新话题。要认真倾听对方的讲话，但不能一眼不眨紧紧盯住对方。你的眼神要随时表现出你对他的理解、信任和鼓励，而不是怀疑、挑剔和苛求。一道严厉的目光，会使对方把只说了一半的话吞回去。

所以说，搞活气氛对彼此双方初次见面的人来说是非常重要的。只

要你懂得搞活气氛，就能赢得对方的好感，就能拉近你们之间的距离。因为初次见面时的三言两语是叩开对方心扉的敲门砖，也是使人一见如故的秘诀。

然而，有的人总是觉得在交际场合搞活气氛十分困难，尤其是与初次见面的人搞活气氛对自己来说更是难上加难。其实，与陌生人搞好关系并不难，在社交中，人们通常都希望出现令人愉悦的场面，只要你懂得一些搞活气氛的小手段就可以让自己与陌生人的交往变得轻松起来。

那么，如何把气氛搞活，把陌生人变成好朋友呢？

第一招：自我解嘲

在与他人的交往过程中，能够自我贬低、自我解嘲的人往往都是心态成熟的人。从心理学角度来讲，自嘲是一种幽默的生活态度，是聪明人的智慧火花；自嘲，是幽默的最高境界。自嘲也是高尚人格和自信的体现，它表现的是自嘲者的低姿态，以及良好的修养，自嘲实际上是当事人采取的一种貌似消极，实为积极的促使交谈向好的方向转化的一种手段，所以，自嘲者敢于拿自己"开涮"而不伤害任何人。可以说，它既是一种幽默的说话方式，又是一种幽默的生活态度和心理调节的方式，能增加生活的乐趣、能解除尴尬、能拉近人与人之间的距离，表现出一种人生智慧。可以堪称是一种生活哲学。

第二招：把庄重寓于诙谐

社交场合需要庄重的气氛，但如果始终保持庄重，就会使气氛显得紧张。把庄重寓于诙谐之中的交谈方式比较自由，在许多场合都可以使用。用风趣幽默、诙谐的语调缓和一下气氛，同样可以表达较重要的内容。

第三招：来点小恶作剧

当和对方交谈到一定程度时候，利用恰当的时机，善意地、有分寸地来点恶作剧并不是坏事,双方自由自在的嬉戏,享受不受束缚的"自由"和解除规则的"轻松",是非常难得的事情。恶作剧具有出人意料的效果,它起于幽默,引致欢笑。但是在用的时候要小心,分清对象,如果对方是一个非常严肃而不苟言笑的人,此招慎用。

第四招:要努力营造一种轻松愉快的气氛

既不要使自己感到拘谨,又不要使对方感到拘谨,如果对方是一个比较害羞的人,那么你就应该设法使他放松,聊一些无伤大雅的事情,而且越轻松越好,以此来融洽你们之间的谈话氛围,消除彼此之间的心理界限。但是要遵守一个原则,要让对方多说话,要随时留心对方态度的变化,充分尊重对方的兴趣点。当对方与你谈话十分惬意时,千万不要打断他的谈话;而当对方转入下一个话题时,你也应巧妙地引出另一个话题。同时,在说话的时候,你的眼神、语言要给对方一种理解、愿意倾听、信任的感觉,切勿让对方产生不适的感觉。

第五招:利用道具化解尴尬

和人初次见面,也许开始的时候会陷入尴尬,或者出现冷场。这时,你随身携带的小道具便可发挥作用。比如,你可以掏出自己的钥匙链,做个借题发挥。有时候可能仅仅是一个杯子,也可以引发很多话题,可唤起大家交流的兴趣。

第六招:以对方的兴趣为主导

每个人都觉得自己很重要,每个人都希望被看重。如果对方感觉到你对他的事情表示关注,那他就会认为他在你心中已经有了位置。所以,在与人初次见面的时候,要尽可能让对方多谈话,在谈话过程中,要随时留心对方态度的变化。不要以为你感兴趣的对方也一定感兴趣。对对方的兴趣,你要充分尊重。当对方谈兴正浓时,你千万不可打断他;而当对方兴趣转移时,你则不要纠缠原来的话题,而应随机应变、巧妙地引出新话题。

第七招：制造话题

与陌生人首次交谈时，最好寻找对方也熟悉的人和事，以此牵线搭桥，引出话题。还可以巧妙地借用彼时、彼地、别人的某些材料为题，借此引发交谈。有人善于借助对方的姓名、籍贯、年龄、服饰、居室等，即兴引出话题，常常会收到良好的效果。

当别人作完自我介绍时，你可以在他的名字上表现出你的兴趣。比如，你可以重复他的名字，并夸这个名字很好听，比如"很少有人会有这样的名字"、"你的名字很有品位"等；你也可以再具体问对方名字的写法，以示你对他的重视。这样一来，你会迅速赢得对方的好感。

第八招：谈话要直率而坦然

从你自己做起，你同他谈话要直率而坦然。最要紧的是使对方不感到拘谨。尤其是对那些比较害羞，很不习惯与同陌生人谈话的人，你一定要设法使他放松，可以先同他谈些无关紧要的事，越随便越好。

交谈是一门艺术，是社交活动中必不可少的内容，在社交中，特别是在与陌生人交往的时候，大家都显得拘谨，气氛过于严肃。这时候就需要出现令人愉悦的场面，为交谈创造一个良好的气氛，才能调动彼此的热情，放松心情，活跃谈话氛围。

一语亲近陌生人

想与陌生人套好交情，搞活气氛很重要，它是你们友谊继续发展的关键。不管是在任何有陌生人出现的场合，如果你能适时地活跃交谈的气氛，相信一定会出现令人愉悦的欢乐场面。

4. 与陌生人保持微笑是一种本领

美国著名的节目主持人查尔斯说:"为别人创造一个愉快的生活,就要从微笑开始,但必须是发自内心的微笑,当你微笑的时候,别人会更喜欢你,而且,微笑会使你自己也感到快乐。它不会花掉你一分钱,却可以让你赚到任何股票都付不出的红利。"

杰克是美国一家公司的总裁,他年轻有为,并且几乎具备了成功男人应具备的所有优点。他有明确的人生目标,有克服困难的毅力和能力,与之深交的人都为拥有这样一个好朋友而自豪。

但初次见到他的人却对他少有好感,这让熟知他的人大为不解。到底是什么原因呢?后来经过仔细观察后发现,原来他的脸上很少有笑容,即使在轻松的交际场合也是如此。他在舞池中优美的舞姿几乎令所有的女士动心,但却很少有人敢与他共舞。公司的女员工见到了他更是敬而远之,男员工对他的支持与认同也不是很多。而事实上他只是缺少了一样东西,那就是迷人的微笑。

在和别人第一次见面时,微笑和赞美会有一种微妙的力量。陌生朋友会被你的微笑感染,认为你是一个很有亲和力的人。你对他的赞美,会让彼此一下子从陌生人变成朋友。

心理学认为"微笑"就是"接纳、亲切"的标志,也就是说当你微笑时,等于告诉对方"我不会害你"、"我对你并没有敌意"。

第一次见面时若没有笑容的话,会让对方感到紧张,以为你在拒绝他,难以与你亲近。嘴角上扬、连眼神也在笑的表情就是一种好感的表示。当你一直微笑看着对方时,就能消除对方的不愉快心理。

飞机起飞前，一位乘客请求乘务员给他倒一杯水吃药，乘务员很有礼貌地说："先生，为了您的安全，请稍等片刻，等飞机进入平稳飞行后，我再把水给您送过来好吗？"

15分钟后，飞机已经进入了平稳飞行状态。突然，乘客服务铃急促地响了起来，乘务员猛然意识到：她忘记给那位乘客倒水了！当她来到客舱，小心翼翼地把水送到那位乘客面前，面带微笑地说："先生，实在对不起，由于我的疏忽，耽误了您吃药的时间，我感到非常抱歉。"这位乘客指着手表说："怎么回事，有你这样服务的吗？"乘务员手里端着水，无论他怎么解释，这位挑剔的乘客就是不肯原谅她的疏忽。

接下来的飞行途中，为了补偿自己的过失，每次去客舱服务时，服务员都会特意走到那位乘客面前，微笑着问他是否需要帮助。在飞机落地前，那位乘客要求把留言本递给他，此时乘务员虽然很委屈，但她仍不失职业素养，面带微笑地说："先生，请您允许我再次向您表示真诚的歉意，无论您提出什么意见，我都会欣然接受您的批评！"

乘客留完言下了飞机，乘务员打开了留言本，却惊异地发现，这是一封热情洋溢的表扬信。他写道："在整个飞行过程中，您表现出的真诚的歉意，特别是你的12次微笑，深深打动了我，使我最终决定将投诉信写成表扬信！你的服务质量很高，下次如果有机会，我还将乘坐你们的航班！"

任何时候都保持微笑是一种高贵的品质，这样的人正是人们所需要的。

微笑被视为"参与社交的通行证"。在工作岗位上，微笑是礼貌待人的基本要求；在社交场合里，微笑可以使人自然放松，如沐春风。

世界著名的保险业精英，日本的原一平先生对微笑有着非常深刻的认识，他积自己50年之经验总结了微笑的10大好处：

①微笑能把你的友善与关怀有效地传达给准客户。

②微笑能拆除你与准客户之间的"篱笆",敞开双方的心扉。

③微笑使你的外表更迷人。

④微笑可以消除双方的戒心与不安,以打破僵局。

⑤微笑能消除自卑感。

⑥微笑能感染对方也微笑,从而创造出和谐的交谈基础。

⑦微笑能建立准客户对你的信赖感。

⑧微笑能除去自己的哀伤,迅速地重建信心。

⑨微笑是表达爱意的捷径。

⑩微笑会增进活力,有益健康。

原一平先生经常苦练微笑,经过刻苦训练,他的笑达到了炉火纯青的地步,被誉为"价值百万美金的笑容"。

可见,微笑在人际交往中有很重要的作用。

所以,面对陌生人,即使你不善于微笑,也要强迫自己微笑。因为微笑具有一种不可思议的力量,它不仅让第一次见面的人对你印象深刻,更会让你在生活的任何方面受益。微笑面对别人,你几乎不用付出任何代价,而你所收获的将是你永远也想象不到的。所以,有人说,在人际交往中,对陌生人微笑也是一种值钱的本领。

一语亲近陌生人

微笑永远是人际交往最好的通行证。有了好印象,彼此间的陌生感就会消除。人与人之间的感情,是在不断地交往中培养的,随着了解的深入,陌生人就会变成朋友。

5.3 分钟之间亲近陌生人

行走于世间，我们需要和许多陌生人打交道。如何快速消除彼此间的壁垒而不断扩张你的人脉网络呢？与陌生人之间接触的头3分钟是至关重要的。"当你在社交场合中遇到陌生人，你应把注意力集中在他身上3分钟。很多人的生活将因此而改变。"

富兰克林·罗斯福刚从非洲回到美国，准备参加1912年的总统竞选。因为他是一位有名的律师，还是已故美国总统西奥多·罗斯福的堂弟，所以很有名望。在一次宴会上，大家都认识他，但大家在罗斯福眼里却是陌生的。罗斯福看得出来，大家的表情有点儿冷漠。

但这些陌生感并没有使罗斯福受到影响，相反，他却表现出友好与热情。他悄声问身边的陆思瓦特博士："陆思瓦特博士，请你把坐在对面的那些客人的大致情况告诉我，好吗？"经了解，罗斯福想到了一个引起对方好感的办法。

罗斯福站起身来，用友好的姿态和专注的表情向对面宾客示好，并简洁直白地在他们面前作自我介绍，然后向宾客提出一些问题，并认真倾听他们的回答。就这样，罗斯福只用几分钟就引起了客人们的兴趣，最后在不知不觉中，罗斯福便成了他们的新朋友。

罗斯福就用这些微小的面部表情和神态举止，改变了大家对他的印象，在短短的几分钟内，在陌生人中树立了自己的形象。

有人曾调查统计指出，初次见面的人如果给人以良好的印象，那么在以后与人接触的过程，求人办事成功率会增加两成。所以，在交际场合，我们一定要注意这短暂的几分钟，因为，在这几分钟里，别人会通

第二章
抓住最初 3 分钟，轻松亲近陌生人

过对你的观察而给你打"印象分"。一旦你在最初的 3 分钟里给别人不好的感觉，那么，在今后的接触中，你就很难得到对方的认同。

那么，究竟怎样才能把握好它呢？

面对初次见面的朋友，为了在几分钟之内让对方认可自己，不仅要善于套交情，还要注意说话的方式方法，千万不能因为一时"嘴快"而得罪了对方，那势必会让你前功尽弃，懊悔不已。

第一，先了解再交谈。

在与陌生人初次见面的时候，你可以在交谈时先提一些一般性的问题，以便投石问路，在大概了解后再有目的地与其进行交谈，便能说得更加自如。在听对方说话时要注意力集中，不能随便去否定对方的观点。一旦你和陌生人开始找到了话题，并不断深入地了解，便会发现，你所认为的第一印象其实是片面的，而且在交谈中对方也会调整视角，进一步审视你，两个人在性情、兴趣、思想的碰撞后，就有可能成为好朋友。

第二，让他人感到自己重要。

第一次和别人交谈的时候，一定要让别人觉得他很重要。那么怎么样才会让别人觉得他很重要呢？我们从话题这个角度上来看一下。在和别人的交谈中，一个好的话题，往往能让别人滔滔不绝，一个不合时宜的话题，会使人三缄其口。

第三，引发共鸣。

与陌生人交往，最忌一个人唱独角戏，大家当听众。成功的社交应该是你一言、我一语，大家畅所欲言，都有发表言论的机会。所以，当气氛不好的时候，试着找到能引起大家共鸣的话题。当大家有了共鸣时，才会轻松地参与到交谈中来，各抒己见，仁者见仁，智者见智，这样的交谈气氛才能让大家真正交流起来。所以，与陌生人交谈时，一定要找到能引起对方兴趣和共鸣的话题，以免出现冷场。

第四，不可目中无人。

古话说："满招损，谦受益。"谦虚的态度会使人感到亲切，目中无人的架子则会使别人难看，让自己孤立。所以，我们在和别人打交道的时候，一定不可目中无人。富兰克林在年轻的时候，言行不可一世，处处咄咄逼人。直到他父亲的一位挚友看不过去，对他作了一番教诲。就是这番话，让他一改以前目中无人的行为，让他重新得到了朋友们的支持和帮助。

第五，说话要尽量引人入胜。

同陌生人交谈之所以会引人入胜就是因为你们彼此之间的了解是一片空白，就好像你不停地打开礼物，事前却完全不知道里面有什么，充满了惊喜。

第六，适当表达你的缺陷。

表达缺陷，可以赢得关注。而实际上，一丁点儿瑕疵根本遮掩不了你本人的光辉。之所以如此说，是因为坦率地暴露缺点，反而使人对你正直、诚实的作风留下深刻的印象，而这种诚实、正直往往转变成别人对你的信赖，自然你也就大受其益了。

总之，当你主动接触陌生人，你的仪表体态，你的面部表情，你的倾听态度都会给对方一个印象，如果你把握好了见面时的前几分钟，那么，对你来说征服对方并不困难。

一语亲近陌生人

从某种意义上来讲，在3分钟时间之内亲近陌生人，更能体现一个人在人际交往中的能力。

6. 激发对方的谈话欲望

许多人因为自己不知道如何开始谈话而受到阻碍，尤其是跟陌生人谈话更是困难重重，其实他们拥有丰富的趣味"龙头"，只要知道如何去打开它们即可。在这种时候，你应该学会如何去激起说话对象的某种情绪，让他慢慢开始滔滔不绝。

设想你正在乘着火车，你已坐了很久了，而前面还有很长的一段路程。你想与他人讲讲话，这是人类的群体性在和你作祟，而你要尽力使你的谈话里显得有趣和富有刺激性。

坐在你旁边的一位像是一个颇有趣的家伙，而你颇想能知道他的底细，于是你便搭讪道："打扰一下，你有笔吗？"

可是他一句话也不讲，只是点点头，从口袋里掏出了一支笔递给你。你拿起笔，说了声"谢谢"，他又点了点头。

你继续说："最近国家总是发生灾难事件，真是让人揪心啊！"

那位坐在你身旁的乘客坐直起来了，他的目光也开始注意起你来了。

"是啊，现在自然灾害比较严重，国家也是多灾多难，我们唯一能做的就是多捐助一些爱心基金，让更多的人得到帮助，为我们的同胞祈福。"

有些和陌生人谈话的场合是不可避免的，那种紧张压抑的气氛抑制大家说话的勇气，这时，必须想办法挑起一种让对方愿意谈话的欲望，让所有人都参与到交谈当中来。可见，你激发了他说话的情绪，让他心情放松，那么，你们之间的陌生感自然会消除很多。

一位靓丽的"摩登女郎"在一个首饰店的柜台前看了很久。售货员问了一句："这位女士，您需要买什么？"

"随便看看。"女郎的回答明显缺乏足够的热情。可她仍然在仔细观看柜台里的陈列品。此时售货员如果找不到和顾客的共同话题，就很难营造买卖的良好气氛，可能会使到手的生意溜走。

细心的售货员忽然间发现女郎的上衣别具特色："您这件上衣好漂亮呀！""啊！"女郎的视线从陈列品上移开了。

"这种上衣的款式很少见，是在隔壁的百货大楼买的吗？"售货员满脸热情，笑呵呵地继续问道。

"当然不是！这是从国外买来的。"女郎终于开口了，并对自己的回答颇为得意。

"原来是这样，我说在国内从来没有看到这样的上衣呢。说真的，你穿这件上衣，确实很吸引人。"

"您过奖了。"女郎有些不好意思了。

"只是……对了，可能您已经想到了这一点，要是再配一条合适的项链，效果可能就更好了。"聪明的售货员终于顺势转向了主题。

"是呀，我也这么想，只是项链这种昂贵商品，怕自己选得不合适……"

"没关系，来，我来帮您参谋一下……"

聪明的售货员正是巧妙运用了语言这门艺术，激起了对方的说话欲望，然后顺势就推地引导那位陌生的女郎，最终成功地推销了自己的商品。

同陌生人说话，由于双方素不相识、互不了解，如果不注意讲话的方式，交谈起来就会很困难。因此，找对合适的话题，激起对方的谈话欲望，就能使双方谈话融洽自如。

以下一些方法都能成为你与陌生人打交道的契机。

（1）见面主动寒暄

当你与陌生人同坐一节车厢，或者一同购物，或者出入同一旅游景

第二章 抓住最初3分钟,轻松亲近陌生人

点,看到对方年龄与你相仿,衣着风格与你相近。见面了,你完全可主动寒暄,大方地说一声"你好!"或亲切地道一句"早啊!"别小看这两个字,它们传达出来的却是一种友善与热情。不要总觉得与陌生人素昧平生,没有主动示好问安的必要,也不要认为你先主动向他问好,就等于你逢迎他,而应该想到人是最需要沟通的,你不主动,他不主动,那么你们之间就很难沟通起来。如果有人向你问好,你不应该冷冰冰地"嗯"一声,更不应该懒得理睬,因为这既没礼貌又显得你不通人情、没有教养。

(2) 要体贴他人,替他人着想

与对方初次见面,一个懂得体贴别人的人,总是设身处地地为别人着想,不让别人紧张、拘束,更不会让别人尴尬难堪。据说,莎士比亚就具有善解人意的美德。在和人交往的过程中,他宽容灵活,能根据交往对象的不同特点,随着时间、地点的变化,进行应变。文学批评家威廉·哈兹里特指出:"莎士比亚完全不具有自我,他除了不是莎士比亚之外,可以是其他任何人,或是任何别人希望他成为的那个人。他不仅具备每一种才能以及每一种感觉的幼芽,而且他能借着每一次的命运改换,或每一次的情感冲突,或每一次的思想转变,本能地预料到它们会向何方生长,而他就能随着这些幼芽延伸到所有可以想象得出的枝节。"

(3) 以询问请教为契机

任何时候,在任何地方,多询问,多请教,是绝对不会吃亏的。当你有不懂、不清、不识、不知的事情时,完全可以找个陌生人问问。例如,迷路了,方言听不懂了,东西叫不出名了等,都可以主动请教别人。不懂就问,当你们一问一答的时候,就交流起来了。但总有些人不喜欢问,怕别人不知道而难堪,自己没问到而碰壁,其实这种担心是多余的。当然,询问和请教,都要以"热情和礼貌"开始,以"真诚感谢"结束。

(4) 保持理智，尊重他人

你尊重别人，别人也会尊重你；你亲近别人，别人也会亲近你。美国著名学者威尔·罗杰斯曾经说过一句很有名的话："我从没遇到一个我不喜欢的人。"这句话或许有一点儿夸张，但我相信，这对威尔·罗杰斯来说并不为过。这是他对人们的感觉，正因为如此，人们也都对他敞开心扉，就像花儿对太阳敞开心扉一样。

这只是常见的激发陌生人谈话欲望的方法。生活中这样的机会非常多，只要你想与陌生人打交道，你就能找到许多接触对方的机会。然而，有的人与陌生人在一起的时候，始终紧闭双唇，虽然他心里也非常想与对方聊起来，但就是不知道找机会打破僵局，以致双双沉默，气氛凝重，很是尴尬。

一般说来，初次相见或不太熟悉时，没有谁愿意向有困难的陌生人施舍什么帮助，因为他们怕不清楚对方的底细，帮出麻烦来。这种想法固然有一定的道理，但正是这"一定的道理"把自己结识别人的大好机会给赶跑了。善于交际的人是不会这么想的，他们认为与人方便，自己方便，只有放下顾虑，才能赢得别人的感激与好感。

所以，很多交际高手在参加陌生人的聚会时，都会怀着结交新朋友的心态与人接触。他们认为，既然是朋友，就用不着拘谨，用不着自我防护，只需激起对方的谈话欲望，同人自如地交谈就好了。因此，他们在聚会上往往表现特别活跃，也往往十分受欢迎。

一语亲近陌生人

激发对方的谈话欲望，是彼此加深了解，从陌生走向熟悉，进而成为朋友的一条捷径。

第二章
抓住最初3分钟,轻松亲近陌生人

7. 结识陌生人

我们经常会遇到陌生人,公交车上的邻座,火车里的上下铺,地铁里站在你旁边的人,同乘一部电梯,同在一个屋檐下躲雨,同一个考场的考生,参加同一次面试等,这都是与陌生人打交道的机会,只要你愿意与陌生人接近,你就有机会与对方结识。如果你只是沉默地对待别人,那样的气氛就很尴尬了。因此,在与陌生人初次见面的时候,要懂得与陌生人套交情,结交陌生人。

和陌生人搭讪,套近乎,总是以这样的方式开始:"您是哪里人?""哪个学校毕业的?""听口音,你是南方人……"。初次见面,这些都算是挺好的话题,以此作为开始,继续交谈下去就会容易许多。其实,这绝不是简单的寒暄,而是借此达到与陌生人拉近的目的,如果你达到了这个目的,那么,接下来的接触就会容易很多。

1984年5月,美国总统里根访问上海复旦大学。在一间大教室里,里根总统面对数百位初次见面的复旦学生,他的开场白是这样说的:

"其实,我和你们学校有着密切的关系。你们的谢希德校长同我的夫人南希,都是美国史密斯学院的校友。照此看来,我和在座各位自然也就都是朋友了!"

此话一出,全场鼓掌。短短的两句话,就使几百位黑头发黄皮肤的中国学生把这位碧眼高鼻的洋总统当成了十分亲近的朋友。接下去的交谈自然十分热烈,气氛极为融洽。

还有一些人,他们之所以能在如此短的时间内打动如此多的陌生人,拉近心理上的距离,靠的就是他紧紧抓住了彼此之间的关系。

有这样一则轶事:

有一个小伙子,大学毕业后找了好久的工作也没有发现一个合适的。偶然的一天,他听说自己的一个老乡在一家公司做经理,于是,就想从这个老乡身上找一个突破口,于是他决定明天一早就去找老乡,可是,怎样才能和这位老乡相识,并给老乡留下深刻的印象呢?经过打听,他得知这位老乡十分注重乡情,于是,在他去请老乡帮忙的时候,开始用家乡话与其聊天,结果,他乡遇故知,两人抄着一口家乡话聊得十分投机。

最后,这个小伙子不仅有了工作,而且还在这位老乡的帮助当上公司的主管。

通常,面对一个陌生人,只要事前作一番认真的调查研究,往往都可以找到一些或近或远的亲友关系。而当你在见面时及时用上这层关系,就能瞬间缩短与对方心理距离,使对方产生亲近感,特别是突然得知自己面前的陌生人与自己有某种关系时,更有一种惊喜的感觉。从而打破那种陌生感,激活对方说话的心态。

表面看起来,陌生人很生疏,与他沟通难似上青天,其实不然,因为对方不了解你,同时也不好随便拒绝你。只要话语客气,礼貌表达,多在话里头抛几个"绣球"给他,自然关系就近了。

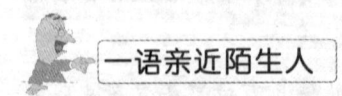

一语亲近陌生人

对陌生人也好,对熟人也好,关系亲近的最佳途径就是套近乎。

8. 与陌生人增进友谊，从恰当的称呼开始

与陌生人打交道，第一句就要称呼对方，如果你的称呼让对方满意，那么就能给对方好感。相反，若你称呼对方不恰当，对方给你的"印象分"就不会高，那么，接下来你就可能给人产生不好的印象，影响到交际的效果。

在通常情况下来说，称谓是一种随交情的递增而逐步、随意化的，可是，人们常常在初识时称呼上不知如何是好。

李平在刚上班的时候，就曾因此备受尴尬之苦。报到的那天，接待她的是公司的一位科长，人很随和，对下属也是客客气气的。第一次见面，李平恭恭敬敬地喊了一声："王科长，您好！"科长听了，抿嘴一乐，很随和地说道："别那么认真，叫我老王好了。"但是，再遇到科长时，李平想了又想，但还是不知道该如何称呼他。

可见，称呼虽然仅仅是几秒钟就可以说出来的事情，但有时让人犯难的时间却要高出说出时间的好多倍。

称呼的正确、适当与否，不仅体现着自身的教养、对对方尊重的程度，而且体现着双方关系的亲密程度和社会风尚。所以，在称呼时务必注意：一是要合乎常规，二是要入乡随俗。三是要遵循先上级后下级，先长辈后晚辈，先女士后男士，先疏后亲的礼遇顺序进行。

当然，在使用称呼时，往往由于地域的不同或者误读的过失，很多人无法避免失敬的做法。比如山东人喜欢称呼"伙计"有称兄道弟的意思，但南方人听来"伙计"肯定是"打工仔"。

不仅如此，使用不当的称呼或使用庸俗的称呼都要十分注意。工人可以称呼为"师傅"，道士、和尚、尼姑可以称为"出家人"。但如果

用这些来称呼其他人，也许还会让对方产生误解。

那么，对陌生人怎样称呼才算合适呢？一般来说可用以下几种方法：

第一，用通称

可根据人的具体年龄、性别、职业情况等称"同志"、"朋友"、"师傅"、"先生"、"小姐"等。对男人一般可以称"先生"，未婚女子称"小姐"，已婚女子称"夫人"或"太太"，若已婚女子年龄不是太大，叫"小姐"，对方也绝不会反感。而称未婚女子为"夫人"就是极不尊重了。所以，宁肯把"太太"、"夫人"称作"小姐"，也绝不要冒失地称对方为"夫人"、"太太"。一般说成年的女子都可称"女士"。

第二，以亲属称谓相呼

可根据对方的性别、年龄等情况，以父辈、祖辈、平辈的亲属称谓相称，如"大伯"、"阿姨"、"老爷爷"、"大娘"、"大嫂"、"大姐"等。称呼对方"大嫂"还是"大姐"时，必须谨慎从事，因为对方婚否不好确定，在没有把握的情况下，称"大姐"比较稳妥。

第三，是用"姓+身份"、"姓+职业"称呼对方

如"王经理，你好！""李主任，你好！"

在与陌生人打交道之前，我们不可能首先就问对方，该怎么称呼他合适，所以我们只能根据他的衣着打扮来判断对方的年龄，然后给对方一个较为合适的称呼。

一个恰当的称呼能开启你与他人之间良好关系。所以，为了不在称呼的问题上遇到麻烦而影响人际交往，为了得到他人的认可，就要在把握对人的称呼上下工夫了，尤其是在面对不熟悉的人的时候。

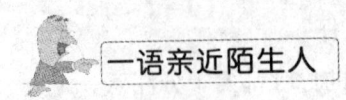

一语亲近陌生人

恰当的称呼是融洽人际关系的晴雨表。

9. 与陌生人打交道，会听比会说更重要

当你初次与一位陌生人进行交流的时候，他是在静静地聆听你的谈话，还是在不经意间时常打断你的谈话？或者将你晾在一边，做自己的事情？如果都是后者，那么，请问遇到这样的陌生人，你会对他们产生好的印象吗？很显然，不会。

可见，当我们希望和一个陌生人打开一道友谊之窗的时候，倾听是我们首先要注意的一个重要环节，倾听对方的每一句话，每一种思想，每一种情绪……很快，他就会对你这位忠实的"聆听者"产生好感。

耐心的倾听能使初次相识的人感觉到你对他们的尊重，这种良好的感觉使得他们欣赏你，并愿意与你接近。这样，双方彼此之间的距离必然会被拉近。

著名学者查里·艾略特说："成功交谈有一点秘密，专心致志地听别人讲话相当重要，什么也比不上注意听，因为它是对讲话人最好的恭维。"善于说是一种天性，而认真倾听是一种修养，它体现了对人的尊重，它能创造一种与说话者心理交融的谈话气氛。

但在与陌生人交往中，怎样聆听对方的谈话呢？以下几点需要注意：

（1）专注有礼

当聆听别人谈话时，应全神贯注地目视对方，还可以通过点头、微笑及其他体态语言的运用，使对方感觉到自己对谈话内容感兴趣。对外界造成的种种干扰，要尽量做到视而不见，听而不闻。主观上产生的心理干扰，也要尽量控制。一个出色的聆听者，本身即具有一种强大的感染力，能够引起对方的谈话兴趣。

(2) 倾听要虚心

与陌生人谈话是一个沟通信息、联络感情的事情，所以在听人谈话时，应持有虚心倾听的态度。有些人觉得在某个问题上自己知道得更多，就经常打断对方的讲话，断然中途接过话题，迫不及待地发表自己的意见，不顾对方的想法而自己发挥一通，这是不尊重对方的表现，而实际上你也未必在此时就真正把对方的意思听懂、听明白，甚至常常是没说上几句话，就谈崩了，这就是由于没有虚心倾听对方谈话而造成的。

在与他人谈话的场所，如果你不赞成对方的某些观点，除非是对你无话不谈的知心朋友，否则一般应以委婉的语气表示疑问，请对方解释得详细一些。或者说："我对这个问题很感兴趣，我一直不是这样认为的"、"这个问题值得好好地想一想"。即使你想纠正对方的错误，也需要在不伤害对方自尊的前提下以商讨的语气说："我记得好像不是这样吧……"，如此这般，就足以使对方懂得你的意思了。不必要因为与其争辩而打乱彼此之间和谐的交流氛围。

(3) 倾听要耐心

就一般交谈内容而言，并非总是包含许多信息量的。有时，一些普通的话题，虽然对你来说已经知道的很多了，可对方却说得不亦乐乎，这时，出于对对方的尊重，就应该保持耐心，不能表现出厌烦的举动。

有人统计指出，我们说话的速度是每分钟120~180个字，而大脑思维的速度却是它的4~5倍。所以对方还没说完，我们早就理解了，或对方只说了几句话，我们就已经知道了他全部想表达的意思。这时，思想就容易开小差，同时外表会下意识地表现出心不在焉的动作和神情，以致对对方所说的话听不进去，当说话者突然问你一些问题和见解时，而你只是毫无表情的缄默，或者答非所问，就会使对方难看或不快，觉得"对牛弹琴"。

第二章 抓住最初3分钟,轻松亲近陌生人

越是善于耐心倾听他人说话的人,那么他获得良好沟通的可能性就越大,因为聆听是褒奖对方谈话的一种方式。一个人如果能够耐心倾听对方的谈话,就等于告诉对方"你是一个值得我倾听的人",这样无形之中就能提高对方的自信心,加深彼此之间的感情,为彼此之间的友情创造和谐融洽的环境和气氛。因此,听人谈话应像自己谈话那样,始终保持饱满的精神状态,专心致志地注视着对方。当然,如果你确实觉得对方讲得淡而无味、浪费时间,则可以巧妙地提出一些你感兴趣的问题,不露痕迹地转移对方的谈兴。

(4) 倾听要会心

聆听他人的说话,不只是被动地接受,还应主动地反馈,这就需要作出会心的呼应。在对方说话时,你不时地发出表示听懂或者赞同的声音,或者有意识地重复某句你认为很重要、很有意思的话。有时,你一时没有理解对方的话,或者有疑问时,不妨提出一些富有启发性和针对性的问题,对方一般是乐意以更清楚的话语来解释一番的,这样就会把本来比较含糊的思路整理得更清晰了。同时,在谈话中,听者应轻松自如,神情专注,随着对方情绪的变化而伴之以喜怒哀乐的表情。通过一些简短的插话和提问,暗示对方你确实对他的谈话感兴趣,或启发对方引出对你有利的话题。当对方讲到要点时,要点头表示赞同。点一点头,这实质上就是发出一种信号,让对方知道你在听他的讲话,对方这时当然会更加认真地讲下去。不管你是否意识到,你的表情总是在作出自然的呼应,对方心理上也会觉得你听得很专心,对他的话很重视,会有"酒逢知己千杯少"之感,话题也会谈得更广、更深,更多地暴露他的内心。

(5) 呼应配合

对方谈话或提出问题时,不仅要用心理解,还需要积极地作出各种反应。这不只是一个礼貌问题,而且也是活跃谈话气氛,使初次见面的人能够接受你所必需的。对方说话时,你要不时地发出表示听懂或赞同的声音,或有意地重复某句你认为很重要、有意思的话,这样对方心理上会觉得你听得很专心,对他的话很重视。

如果对方说的是你不感兴趣的话,出于尊重他人,你不能表现出不耐烦的神色,更不能粗暴地打断对方的谈话,而是要耐心地倾听、虚心地请教。呼应配合在某种程度上可极大地调动说话人的情绪。

(6) 正确判断

在聆听对方谈话的过程中,为使信息接受得更准确,对一些重要意见,最好得到对方的认可,比如"您的意思是说……""我理解你的意思是……"如果符合对方的意图,便会得到首肯,如果不符,对方会给你解释。如此,还会给对方留下一种你听得很认真的印象。

所以,我们在与别人说话,尤其是与初次见面的人谈话时一定要注意认真倾听,在初次交往时,尽量以最短的时间加入对方的谈话中去,并学会察言观色、随机应变,争取给对方留下良好的第一印象。

谈话是沟通最直接的方式,但谈话的另外一面是倾听。没有倾听就没真正的交谈,也就达不到真正沟通的目的。

跟新认识的人谈话的时候,你要看着他,好好地反应,鼓励他继续说下去。这样,倾听就不是被动,而是主动,是不断向前探索。有意义的谈话——有别于无聊的闲谈——其目的就是在于互相发现和了解。

一位心理学家曾说:"以同情和理解的心情倾听别人的谈话,我认为这是维系人际关系,保持友谊的最有效的方法。"所以,在与陌生人交往中,你应该尽量退居到倾听者的角色,认真倾听对方的见解,既可以扩大视野,又可以满足对方被尊重、被重视的需要,使交往一直沉浸在和谐友好的氛围之中。如果你像只麻雀般唧唧喳喳地想要胜过对方,或者动辄要与对方决一胜负,你就会给对方留下恶劣的印象。

总之,说话能够显示出自己的知识修养,表现自己的自信与成熟,听话能够显示出自己对别人的尊重，显得自己有礼貌，懂得人情世故。一个人能够做到这些，就一定会得到人们的普遍欢迎。

一语亲近陌生人

最有价值和能力的人不一定是能说会道的人，而是善于倾听的人。

10. 向陌生人介绍自己的艺术

初次见面时的交谈是最重要的。如果交谈一开始就出师不利，要挽回这种劣势，不仅须花费九牛二虎之力，且还不一定有用。因此，在与别人见面时，作为开始的"自我介绍"，绝不可掉以轻心。从交际心理上看，人们初次见面，彼此都有一种了解对方，并渴望得到对方尊重的心理。这时，如果你能及时、简明地进行自我介绍，不仅会满足对方的渴望，而且对方也会以礼相待，自我介绍。这样，双方以诚相见，就为进一步交往奠定了良好的基础。

莫里斯在华盛顿当美国使馆的官员时，有一次，一位别国的傲慢的官员来访，要求立即会见大使。

"请稍等，大使很快就会来的。"莫里斯说。

来访者看到莫里斯对自己的接待如此简单，十分生气，说："年轻人，你知道我是谁吗？"随即背出了一长串头衔。

"那么，请坐两张椅子。"莫里斯说。

显然，傲慢的官员冗长的自我介绍令莫里斯感到厌烦。可见，他介绍自己没有把握好分寸。

生活中，我们在与别人交往的过程中，都有一个由陌生到熟悉的过程。然而，在这个过程中首先要做的就是要适时地介绍自己。这种介绍可以由第三者出面介绍，也可以自我介绍，但不论采用何种介绍方式，都不宜采取太冷淡或太随便的态度。

特别是自我介绍的时候，更要注意自己的言谈举止，做到适当得体。因此，在与陌生人见面的时候，为了得到陌生人的好感，你不妨掌握一些自我介绍的方法。

(1) 正式介绍

正式介绍是指在较为正式、郑重的场合进行的介绍。总的原则是：年轻的或后辈被介绍给年长的或前辈，男性被介绍给女性，一般身份较低的被介绍给身份较高的人等。

具体来说是这样的：

如果把一个男士介绍给女士，在介绍过程中，女士的名字应先被提到，然后再提男士的名字。但如果你要介绍一男一女相识，而男的年纪比女方大得多，则应该将女士介绍给这位男士，以示尊敬长者。

在同性别的两人中，应是年轻的被介绍给年龄大的，同样是表示对长者的尊敬。在年龄相差无几的男士中，并不讲究先介绍谁，但如果其中一人在社会上有一定的知名度时，另外一位应当被介绍给他。另外，通常是未婚的被介绍给已婚的，除非是未婚的男士（或女士）年龄比已婚的大得多。介绍时，最好是把对方的工作单位、成就及所读的学校顺便提一下。

当你被介绍后，通常要做的礼仪是握手，面带笑容并说一声"您好"，在需要表示庄严郑重或特别客气时，还可以略施一躬，如感到见到某人特别高兴，则可以说："见到您真高兴。"

(2) 非正式介绍

非正式介绍是指在一般的、非正式场合所作的介绍。这种介绍不必

第二章 抓住最初3分钟,轻松亲近陌生人

过分讲究正式介绍的规则,如果大家都是年轻人,就可以轻松、随便一些。比如介绍人可先说一声:"让我来介绍一下",然后就作简单的介绍。也不必遵循先介绍谁、后介绍谁的次序,最简单的介绍方式是直接报出被介绍者各自的姓名,当然也可加上"这位是"、"这就是"之类的话以加强语气。采用这种较为随便、朋友式的介绍方法,可使被介绍者感到自然、亲切。至于把一位朋友介绍给大家时,只要说一句:"诸位,这位是×××"也就可以了。

(3) 一般介绍

一般介绍是指人们在日常生活中的介绍,要注意两条原则。

总是把男士介绍给女士;

在简单介绍中,必须先提女方的名字,然后再说男方的名字。

(4) 在集会上的介绍

一般在宴会、舞会、或普通集会上,由于来宾较多,这时不必逐一进行介绍,主人只需介绍坐在自己旁边的客人相互认识即可,其余客人可自动和邻座聊天,不必等主人来介绍。在家庭聚会上,可以向适当的一小部分人介绍后到的客人。

(5) 自我介绍也是社交场合中很重要的一环

在日常交往中,自我介绍是必不可少的。但在介绍自己时,一定要重视那个或那些与你打交道的人,要随机应变。如你面对的是年长、严肃的人,你最好认真规矩些;如与你打交道的人随和而具有幽默感,你不妨也比较放松地展示自己的特点,作出有特色的自我介绍来。

在一般社交场合,自我介绍主要包括自己的姓名、工作单位、身份。例如:"我是某某,在某某单位(或地方)工作。"如果与新结识的朋友谈得很投机,双方都愿意更多地了解对方,介绍的内容可以适当增加,例如自己的籍贯、母校、经历等。

自我介绍的内容要根据交往的具体场合、目的、对象的特点等实际

情况而定，不可盲目，一概而论。

一般有以下几种自我介绍方式和相应的介绍内容：

①应酬式自我介绍

应酬式自我介绍适合于一些公共场合和一般性的社交场合，如旅途中、宴会厅里、舞场上、通电话时等。这种介绍的内容应以简单为好，往往只介绍自己的姓名即可。

②工作式的自我介绍

工作式的自我介绍也叫公务式的自我介绍，适用于工作之中。它是以工作为中心的自我介绍，为此，这种介绍的内容应包括三方面，即姓名、单位和部门、职务或具体工作，介绍时应报全称。

③交流式的自我介绍

交流式的自我介绍是在社交场合寻求与对方进行沟通、交流为目的的自我介绍。这种介绍可以包括姓名、工作、籍贯、学历、兴趣及与交往对象的某些熟人的关系等内容。

④礼仪式的自我介绍

这是一种表示对于交往对象友好、敬意的自我介绍。适用于讲座、报告会、庆典等正规而又隆重的场合。这种自我介绍除了姓名、单位、职务外，还应该加入一些适宜的谦辞和敬语，以表示自己的礼貌。

⑤应聘式自我介绍

这种自我介绍主要适用于应试、应聘和公务交往。这种介绍形式的内容主要有姓名、单位、专业、学历、职务、职称、年龄、政治面貌、籍贯、教育背景、工作经历、专长、成绩或业绩、兴趣等。这些内容是介绍的重点，同时，还要根据现场的情况，见机行事地介绍一些相关的内容。

总之，当你与陌生人初次见面的时候，首先要让不认识、不了解自己的人对自己有个大概的认识，所以，尽可能在短时间内，简明扼要地介绍自己，给对方留下深刻印象才是上策。

第二章
抓住最初3分钟,轻松亲近陌生人

一语亲近陌生人

在你决定和某个陌生人交谈时,不妨先介绍自己,给对方一个接近的线索。

11. 从一开始就让陌生人说"是"

奥弗斯特教授在他的书中说过:"一个'不'字的反应,是最不容易克服的障碍,当一个人说出'不'字后,为了自己人格的尊严,他就不得不坚持到底。事后,他或许觉得自己说出这个'不'字是错误的,可是,他必须考虑到自己的尊严,他所说的每句话,必须坚持到底。所以让人在一开始的时候,就往正面走,这是非常重要的。"

心理的形态在这方面表现得很明显。当一个人说"不",而且真心如此时,他所做的又岂是所说的这个字而已。他整个都会收缩起来,进入抗拒的状态。通常,他会有微小程度的身体上的撤退,或撤退的准备,有时甚至明显可见。简而言之,整个神经、肌肉系统都戒备起来要抗拒接受。相反地,一个人说"是"时,就绝无撤退的行为发生。整个身体是在一种前进、接纳、开敞的状态中。因而,从一开始我们愈能诱发对方说"是",便愈有可能成功地攫住听众的注意力。

希腊大哲学家苏格拉底,是个风趣的大孩子,他改变了人们思维的途径,直到今天,还被尊为历来最能影响这个纷扰世界的劝导者之一。

他运用了什么方法?他曾指责别人的过错?不,苏格拉底绝不这样做。他的处世技巧,现在被称为"苏格拉底辩论法",就是以"是"作为他唯一的反应观点。他问的问题,都是他的反对者所愿意接受和同意的。他以特定的技巧,来引导对方作出一连串的肯定回答,到最后,使

· 69 ·

反对者在不知不觉中，接受了在几分钟前自己还坚决否认的结论。

因此，下次你告诉别人犯错的时候，请别忘记苏格拉底的这一有效的法则，问一些能引发别人作出"是"反应的问题。

因为，当对方这样回答你时，这就表明你们之间的距离已经拉近了很多，也表明你非常了解对方的需求，而且还特别尊重对方。在这种互相了解的基础之上，对方也会表现出十分温和的态度，接纳你，认可你。

然而，当对方以否定的方式，回答"不是"的时候，事情在这一刻就发生了急剧的转弯，这就表明我们对他根本不了解，更谈不上关心对方，在这种情况之下，对方自然会十分生气，谈话自然无法继续下去。因此，在与陌生人交流的过程中，如果我们与陌生人打交道时得不到对方一个"是"的回应，我们最好想方设法不让对方说出"不是"这个词。

那么，如何来让陌生人对自己提出的观点或者建议予以肯定，说出"是"呢？下面提供一些小技巧，供大家参考。

（1）吸引对方的注意和兴趣

为了让对方同意自己的观点，首先应吸引劝说对象将注意力集中到自己设定的话题上。利用"这样的事，你觉得怎样？这对你来说，是绝对有用的……"之类的话转移他的注意力，让他愿意并且有兴趣往下听。

（2）明确表达自己的思想

具体说明你所想表达的话题。比如"如此一来不是就大有改善了吗？"之类的话，更进一步深入话题，好让对方能够充分理解。明白、清楚的表达能力是让对方给予肯定回答时不可或缺的要素。对方能否轻轻松松倾听你的想法与计划，取决于你如何巧妙运用你的语言技巧。

（3）提问题的方式是非常重要的

什么样的发问方式比较容易得到肯定的回答呢？最好的方式应是：暗示你所想要得到的答案。

（4）创造出对方说"是"的气氛

要千方百计避免对方说"不"的气氛。因此，提出的问题应精心考虑，不可信口开河。

(5) 动之以情

通过你说服对方的内容，了解对方对此话题究竟是否喜好、是否满足，再顺势动之以情或诱之以利告诉他，不断刺激他的欲望，直到他跃跃欲试为止。

想要让对方说"是"，必须意识到说服的主角不是你而是对方。也就是议论，说服的目的，是借对方之力为己服务，而非压倒对方，因此，一定要从感情深处征服对方。

所以，如果你与陌生人接触，如果你想让自己说出的观点得到对方的认可，最好的办法就是用语言来诱导对方说"是"。

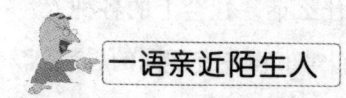

一语亲近陌生人

懂得说话技巧的人，会在刚开始就得到许多"是"的答复。这可以引导对方进入肯定的方向。

12. 激发共鸣，其乐融融

人与人之间只有未曾认识的朋友，从不曾有陌生人！内向者和陌生人做朋友本来只有一心之隔，心与心的距离是最远的也是最近的。当心与心还未发生碰撞时，彼此之间是未曾相识的朋友；当心心相惜时，彼此就成了很好的朋友。有人说："酒逢知己千杯少，话不投机半句多。"

与初次见面的人交谈，一定要抓住他们的兴趣和注意力，从对方的兴趣入手，循趣生发，往往就能顺利引发共鸣。因为对方最感兴趣的事，总是最熟悉、最有话可说、最乐于谈的。在当今的社会，利益第一，面对初次见面的人，如果你不能在短时间内让对方对你的话题产生兴趣，他就会觉得你是在浪费他的时间，很容易对你产生反感，所以，一定要时刻观察初识者的注意力和兴趣，从而激发对方的共鸣，这样不仅能拉近彼此之间的距离，而且还能聊得越来越其乐融融。

一位小学教师和一名泥瓦匠，两者似乎没有投机之处。但是，如果这个泥瓦匠是一位小学生的家长，那么，两人可就如何教育孩子各抒己见，交流看法；如果这个小学教师正要盖房或修房，那么，两人可就如何购买建筑材料、选择修造方案沟通信息、切磋探讨。只要双方留意、试探，就不难发现彼此有对某一问题的相同观点、某一方面共同的兴趣爱好、某一类大家关心的事情。有些人在初识者面前感到拘谨难堪，这只是没有发掘共同感兴趣的话题而已。

人常说到什么山唱什么歌，见什么人说什么话。社会上的各种人，具有不同的年龄、性别、性格、脾气等，他们对事物各有不同的思想认识。各人所处的地位不同，对同一事物的理解是有差异的，做人的分寸也就要根据各种人的地位、身份、文化程度、语言习惯来做不同的处理。这就是"对症下药，激发共鸣"，可以为处世打下良好的基础。

我们设想一下，假如你坐在火车上，已经坐了很久了，而前面还有很长很长的路程。你想与他人聊聊天，却不知如何开口，这时，你就要尽力使你的谈话显得趣味十足。

坐在你旁边的是一位很没趣的人，而你非常想和他聊天解闷，于是你便搭讪道："真是一条又长又讨厌的旅程，你是否也有这种感觉？"

"是的，真讨厌。"

他同意着，而且语调中包含着不耐烦的意味。

"若看看一路上的高山，倒会使人高兴起来。再过一两个月去爬山，那一定更有趣。"

第二章 抓住最初3分钟，轻松亲近陌生人

"唔，唔！"他含糊地答应着。

他显然对这个话题不感兴趣。这时你再也没有勇气说下去了。

假若一个话题对他富有兴趣，那么无论他是如何沉默的一个人，他也会发表一些言论的。因此你在谈话的停滞之中，思考了一番后，又重新开始了。

"自行车比赛很有意思啊，"你说，"听说最近北京的大学生要举办一次自行车比赛，估计很有意思，有时间去看看！"

坐在你身旁的那位乘客坐起来了。

"你觉得自行车比赛现在是否应该提倡这种运动方式呢？"他问。

你回答："当然应该了，有利于全民健身啊！"

"的确，我也这么认为"他说。

由此可见，他对自行车十分喜爱。于是你可以说："如果路途不是很远，我建议骑自行车上班！"

这位乘客听了这话便兴高采烈，滔滔不绝地谈了起来。

毫无疑问，与素不相识的陌生人见面，双方免不了都要存有警戒心甚至敌意。这种心理状态会毫不留情地束缚住双方。在人际交往中，尤其是初次交往，尽量让对方放松心情，消除他本身的心理障碍，是首先要解决的问题。"酒逢知己千杯少，话不投机半句多"。在初交时，如果不能打开对方的心扉，一切努力都会变成泡影。要突破对方的"警戒"线，只有让对方感觉到你是可以信任的。那么，怎么才能让对方信任你，也就是说，怎样把你对对方的尊重和信任的态度传达给他呢？

基本的手段便是从具体情况出发去考虑，如果你们仅仅是初次相识，那就要察言观色，以话试探，寻求共同点，抓住了共同点就等于是找到了彼此之间可以交流的话题。如果你们之间的交谈难以找到共鸣，甚至出现话不投机的问题，为了避免出现较为尴尬的局面，那就要高姿

态，求同存异，或是检讨自己的不妥之处，表示歉意。如果对方说话似乎有些隐瞒，吞吞吐吐，有顾虑，那就没话找话说，找个合适的话题，以此来引起对方谈话的兴趣。

以同情共感的态度来了解对方的烦恼与要求。这就是心理学中所说的"共鸣"，也叫"移情"。

但是，如果双方是第一次见面，在没有合适话题的情况下，可以就时下的人所共知的社会现象、热点问题谈谈看法，个人私生活的问题不易交谈。

当然，也有一些人对谈话的题材存在误解，在他们的脑海中，似乎只有不平凡的事情才值得谈。因此，他们在和别人见了面，彼此开始交谈的时候，就会在脑子里苦苦思索；希望找到一些奇闻、惊心的事件或刺激新闻为话题。可是，往往他们绞尽脑汁，也未从脑海中搜索出这样的话题，因为这种话题毕竟不多。况且，有些轰动社会的新闻，不等你讲人家也许早就知道得很清楚了。其实，人们除了爱听一些奇闻轶事外，更多的人是爱听与日常生活有关的普通话题。话家常并非是一般的寒暄，而是为了创造一种适宜的气氛，寻找契机，向对方敞开心扉，彼此产生心理共鸣，以达到心灵的沟通。

一个陌生人在你面前并不可怕，可怕的是你不能与他交谈。你只要主动、热情地通过话语，同他们聊天，努力探寻与他们交谈的共同点，赢得对方的好感，这样就能拉近你们之间的距离。

一语亲近陌生人

与人相处，要谈得有味，谈得投机，谈得其乐融融，双方必须确立共同感兴趣的话题。

第三章
瞬间识人术，透析陌生人众生相

我们生活在一个纷繁复杂的社会中，每个人都要与形形色色的陌生人打交道。如果我们具有识人本领，不仅可以看透陌生人的内心所想，而且还可以摸清对方的脾气，对症下药，从而赢取主动，应对一切变化。所以，能够懂得瞬间识人术，快速、准确地对陌生人作出判断，对搞定陌生人来说是非常重要的。

1. 表情是观察他人的显示器

俗话说"看天要看云，看人要看脸；看云知天气，看脸知人心"，人们的思想可以表现出不计其数的复杂而又十分微妙的表情，并且表情的变化十分迅速、敏捷。面对初次见面的人，如果想要进一步对他们有所了解，表情无疑是我们了解他们的一种办法。通过对别人表情的观察，我们能窥探其心灵的律动。可以说，表情是我们观察他人的显示器。

1973年，美国心理学家拜亚曾经做过这样一项实验。他让一些人表现愤怒、恐怖、诱惑、无动于衷、幸福、悲伤6种情绪，再将录制后的录像带放映给许多人看，请观众猜何种情绪代表何种感情。其结果是，观看录像带的这些人，对此6种情绪，猜对者平均不到两种。可见，表演者即使有意摆出愤怒的情绪，也会让观众以为是悲伤的感情。

从这个事例上看，虽然情绪对揭示性格有很大程度上的可取性，情绪相对于语言更能传递一个人的内心动向，但要具备在瞬间看破人心的能力，看似简单，实属不易。

因为人类在长期生活实践中，学会了掩饰内心真实情感的手段，这种手法在现代商业谈判中屡见不鲜，洽谈业务的双方，一方明明在很高兴地倾听对方的陈述，且不时点头示意，似乎很想与对方交易，对方也因此对这笔生意充满信心，没想到对方最后却表示："我明白了，谢谢你，让我考虑一下再说吧。"这无疑给陈述方当头浇了一盆冷水。

当人们与他人交往时，无论是否面对面，都会下意识地表达各自的情绪，与此同时也关注着对方做出的各种表情，正是这种过程，使人们的社会交往变得复杂而又细腻深刻。

第三章
瞬间识人术，透析陌生人众生相

所以，人们在通常情况下，没有经过相当程度的对人们内心活动的研究，是不太容易探视出人心的真面目的。

然而，表情却是人们泄露自己隐私的一种不经意的细节。尤其是左脸上的表情。人的大脑分为两半球，发自内心的感情通常由右脑控制，却具体反映在左脸上；而左脑则专司理智性感情，然后反映在右脸上，因此左脸的表情多为真的，右脸的表情有可能是假的。若想知道对方的真实感情，必须强迫自己去观察对方的左脸。

从面部表情上，读透了内心所蕴藏的玄机，是识人高手厚积一世，而薄发一时的秘技，而最经典的莫过于三国时期，诸葛亮和司马懿合唱的"空城计"了。

一部《三国演义》，妇孺皆知、耳熟能详的莫过于"空城计"，当诸葛亮带领一帮老弱残兵坐守阴平这座空城时，兵强马壮的司马懿父子，率领20万大军兵临城下。

在城墙之上，诸葛亮焚香朝天，面色平静，他旁若无人地洞开城门，自己端坐城墙之上，手挥五弦，目送归鸿，飘飘然令人有出尘之感。

司马懿率领大队人马驱驰到城下，看着城墙上神色淡然的诸葛亮，他并没有命令大军冲进城门，而是让士兵勿轻举妄动，这是为什么呢？很多的后人对此解释说这是因为诸葛亮了解司马懿，他知道司马懿是一个小心谨慎之人，所以才大胆地采取了此项行动。

的确，其实，从另一个层面上来说，这也说明两人都是读心高手。他们一个在城墙之上，一个在城墙之下，用心机对峙着。当然，以诸葛亮的聪明智慧，他非常清楚地知道司马懿对城内的情况了如指掌，但诸葛亮更知道，司马家族和曹氏家族的冲突，如果，在此刻司马懿冲入城内，将诸葛亮擒获，那么，以司马家族目前的状况来说，诸葛亮一旦被擒，目前尚未强壮的司马家族势力也将被曹操杀害。然而，如果诸葛亮尚在，那么，以当今的人才来说，只有司马懿才可与之相抗衡，一旦这种抗衡的对象消失，曹操立刻没了后顾之忧，而此刻，司马家族也就没有了可以存留的意义。所以，司马懿即使在非常清楚诸葛亮当前情况的时候，他依然对自己的儿子说"诸葛亮一生谨慎，此举必是在使诈，城中必有伏兵"。

由此可见，在这个千古传唱的故事中，并不是司马懿担心有埋伏而不敢出兵，而是他读懂了诸葛亮的人，同样诸葛亮也读懂了司马懿的心，所以，这才使得诸葛亮敢于冒此危险，而司马懿也甘愿配合其行动，唱了这么一出千古绝唱的双簧。

所以，在表情平静的背后，两人心中都在波澜起伏，就是因为诸葛亮一生谨慎，心知司马懿不会下手，才敢下这招看似冒险之局，当司马懿的儿子提醒说，诸葛亮在使诈，城中必无伏兵，心知肚明的司马懿，立即打断他的话，以诸葛亮一生谨慎必不弄险的话，搪塞过去了。机智的司马懿从诸葛亮平静的表情上领悟到，这是诸葛亮用谋略和他合唱双簧戏，这出戏，非大智大慧的人，绝不可能唱得如此之好。

可见，从表情上，读透了内心所蕴藏的玄机，是识人高手厚积一世，而薄发一时的秘技。

不仅通过面部表情，那么通过其他表情，我们能否读懂一个人的内心呢？下面一些小技巧供大家参考：

①当你和对方说话时，对方总是看着远处的人，对你说的话漠不关心。这样的人是想离开此地，或者想尽快结束这次谈话。

②说话谦恭有礼节的人，有气度、较具隐蔽性，可信赖；相反，这样的人具有纯真、单纯、气概低下、易变等心理。

③与初次见面的人打招呼直视对方的眼睛，这样的人总认为自己比

对方好些。

④与初次见面的人打招呼时眼睛闪现逃避的状态,这样的人在对方面前有自卑感,性格腼腆。

⑤与初次见面的人十分亲切地打招呼,这样的人想把当时场面转到对自己有利的方面。

⑥经常见面但打招呼的方式千篇一律,是自我防卫、言行不一的人。

⑦接受工作前先考虑责任的人,容易患得患失。

⑧常指责同事办事不力的人,难以取悦。好逞能,但其本质是懒散的。

总之,表情是一个人内在精神的外部表现,是自然而然流露出来的,不是假装出来,任何人都不可能装出让人感动的表情。你要想让陌生人喜欢你,就要有真诚的态度,有了真诚的态度,你就会产生自然动人的表情,就会感染别人。

一语亲近陌生人

第一印象的好坏取决于初见时的第一眼感觉,而人与人初次见面时,表情就是决定印象好坏的最大因素。

2. 洞察力是认识陌生人的第一步骤

和陌生人第一次见面时,要如何在一开始谈话的几分钟内,了解这个人?如何和对方拉近距离?如何找到对方喜爱的话题?如何让对方愿意开口?这都得依靠细心而入微的洞察力。

由于每个人观点、立场和方法的不同，每个人的思想、情感和价值取向也就有别，因而对一件事情就可能产生不同的见解，仁者见仁，智者见智。又由于各人所处的地位、生活习惯的不同，从不同的角度去观察问题时，也会得出不同的结论，正所谓"横看成岭侧成峰，远近高低各不同"。我们在日常工作和生活中可以发现，有些人擅长察言观色，而有些人对别人的态度变化则显得迟钝木讷，这说明人们的敏感性和洞察力是有一定差别的。

而与陌生人接触也需要具有洞察能力，这种洞察能力主要是指其通过陌生人的外部表现去了解他的心理。人的任何行为表现都与内心活动有关联，反映出内心活动的一个侧面。陌生人也是这样，因此，在与陌生人接触的时候，你可以从他的行为中，发现许多反映他内心活动的信息。因此，洞察能力就成了揭示陌生人动机的重要一环。

有一位颇有成效的推销小姐，不仅为人和善，而且十分敏感，能准确地从对方的沉默中窥见对方的内心思想与意图。当别人问到她是怎样去把握对方沉默不语时的思想时，她说道："只要你留心观察，你就会发现对方虽然沉默不语，但你从他的神态和表情变化中能够发现内心思想感情的变化。比如在通常情况下，顾客坐着的时候总是脚尖着地的，并且静止不动，但一到心情紧张的时候，对方的脚尖就会不由自主地抬高起来。因此，我只要看到对方脚尖是着地还是抬高，就可以判断他的内心世界是平静的还是紧张的。又如，在正常状态中，吸烟的人熄灭烟蒂大都保留一定的长度，可是一到非正常的情况下，剩下的烟蒂就可能很长。所以，如果你发现对方手中的烟蒂还很长，却已放下熄灭了，你就要有所准备，对方可能打算告辞了。"

从这位推销小姐的一席话中，可以看出她有何等观察入微的工作作风，这也道出了她做到成功推销的奥秘。

然而，要想提高洞察能力，首先必须从提高观察的质量入手。知识、方式和目的是影响一个人观察质量的三个主要因素。

知识是观察陌生人、理解陌生人的基础，你所具有的知识越丰富、越精深，那么对陌生人的观察也就会越深入、越全面。例如，掌握心理学知识的你，就能较快地通过陌生人的言行、情绪，了解到陌生人的意图与需求。

面对一个陌生人，正确的观察路线是：先上后下、先表后里、先局部后全部、先个别后整体等。注意力的分布要合理，视觉和听觉要密切配合，观察与判断也要有机地结合起来。不仅如此，还要做好以下三个方面：

一、提高见微知著的预见力"预见力"就是在了解、考察陌生人时，应具有的独立判断、超前分析的能力。认识一个人不迷于表面，独立观察、剖析事物，全面体察世态，察人识人，有自己独到的见解，摆脱人云亦云的盲从。

二、提高由表及里的洞察力洞察力就是在了解、考察陌生人的过程中，所具有的去伪存真、去表及里、去粗取精的能力。要求我们对陌生人的认识要站得高，看得远，既变换角度看，又置换角色看；既看此时，又看彼时；既散发思维看，又对比纵横看。

三、提高慧眼识珠的辨别力考察陌生人要做到公正、客观、准确的识别，重要的是练就慧眼识珠的"辨别力"。

总之，在没有手段直接了解一个人时，可以根据事物的表面现象，准确或者比较准确地认识一个人的本质。

一语亲近陌生人

洞察力是一种特殊的思维能力，是一个人了解他人的一种有效方法。

3. 学会察言观色

和陌生人第一次见面，如何在一开始谈话的几分钟之内了解这个人？如何与对方拉近距离？如何找到对方喜爱的话题？如何让对方愿意开口？这都依靠细致入微察言观色能力。

一个举人经过千辛万苦，才得到一个陕西某县的县令职位。他第一次去拜见上司时，不知道该说什么。沉默片刻后，他忽然问道："大人尊姓？"这位上司大吃一惊，勉强说了姓某。这个人又低头想了片刻，突然冒出："大人的姓，百家姓中好像没有啊！"上司更加诧异，说："我是旗人，贵县难道不知道吗？"这个县令又起身说："大人在哪一旗？"上司说："正红旗。"县令说："最好的是正黄旗，大人怎么不在正黄旗呢？"上司怒火中烧，问："贵县是哪一省的人？"县令说："广东。"上司说："广西最好，你为什么不在广西？"县令吃了一惊，这才发现上司满脸怒气，赶快走了出去。然而，一年后的一天，他的县令职位被撤掉了。究其原因，便是这位县令不会察言观色，结果得罪了人。

俗话说："出门观天色，进门看脸色。"观天色，可推知阴晴雨雪，携带雨具，以不受日晒雨淋。看脸色，便可知其情绪。面部表情的色彩屏幕上显示的图像不同，人的情绪也不同。学会察颜观色，实在是不可忽视的为人处世之道。知情绪便能善相处；善相处，便能心相通；心相通，便能达到一致。心不通，则处处碰壁。

察言观色是与陌生人接触中的基本技术，生活在社会中，朝朝暮暮，时时刻刻差不多都在读脸色，而且，有时候脸色往往还不以人的意志为转移。不会察言观色，等于不知风向便去转动船舵，这样一来弄不

第三章
瞬间识人术，透析陌生人众生相

好还会带来翻船的危险。因此，我们要读懂"出门看天色，进门看脸色。"这句话，这不是圆滑、世故，而是一种敢于正视现实的表现，是一种冷静理智的表现。当你懂得欣赏这句话的时候，就证明你已经比较成熟了。

表情眼神能让我们窥测他人内心，考察对方的举止神态，有时能捕捉到比语言表露得更为真实的微妙思想。因为许多举止神态的变化都是下意识的。在某个瞬间，它们可能完全不受主观意识的控制。

心理学研究证明，外界事物对大脑的刺激，往往会使人体内部某些相应组织的机能在一个短时间内出现异常现象。也就是说，人的喜怒哀乐，在更多的情况下是通过人的机体来表现的。

在与陌生人交往的过程中，需要交际者学会适应不同的情况，对不同的人、不同的事采取不同的方式，说不同的话，许多人之所以交际不成功，就是因为他们无论看到什么样的人，想说什么就说什么，结果常常闹出一些矛盾和是非。所以说，为人处世最重要的本事之一就是察言观色。察言，便是"闻一知十"，观色，便是"见面明意"。倘若你不懂得别人想什么，就不能把话说到别人的心里去，就无法把事情做到让别人满意的程度，做人自然也就失败了。因此，要想把事情做好，就一定要在洞察人心上下工夫。

总之，人的各种感情总会在外部有所流露，即使想隐瞒也不会完全隐瞒得住，因此还是可以通过外部表情来了解一个人的思想的，除了少数心计很深的阴谋家和喜怒不形于色的人之外，对多数人都可以采用这种办法。在我们的日常生活中不妨学习一些察言观色的技巧，这对我们的生活来说，是相当有意义的。

俗话说："言未出而意已生。"在人们的现实生活中，常常会有吞吞吐吐，欲言又止的现象发生，但这时候你内心的真实想法也已然是泄露了。下面就是几点察言观色，识人心的具体办法：

①在正式场合说话时，先清喉咙的人，多数是由于紧张或不安。

②说话时不断清喉咙的人，可能还伴有焦虑。

③故意清喉咙，有时是为了表达一种不满的情绪，意思是要表达我要不客气了，即对别人的警告。

④说话支支吾吾，这是心虚的表现，说明此人内心不诚实。

⑤说话声音阴阳怪调，表明此人心怀叵测。

⑥内心平静的人，声音也会心平气和。

⑦喋喋不休是人浮躁的一种表现。

⑧善良温和的人，话语总是不多。

⑨说话模棱两可，证明此人心中有疑虑不定的思想。

⑩内心柔和平静的人，说话极富亲和力。

人生就如同一场游戏，观察在这场游戏中占有很重要的地位，只有学观察，会观察，用观察，才能真正掌握观察，这种观察虽然不能掌握人生的命运，但也能让你人生的路上步步精彩，学会察言观色，你的人生也许就可以因此而改变。

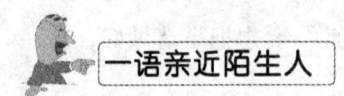

一语亲近陌生人

察言观色是一切人情往来中应操纵自如的基本技术。

4. 通过行动亲近陌生人

当你面对一个自己素不相识的人时，不管他是什么人，不管他话说得多么地好听，哪怕是舌灿莲花，你都不要被他的话蒙蔽了自己的思维，要懂得通过他的行动来看透他的内心。

第三章
瞬间识人术，透析陌生人众生相

有一则寓言故事：一只跛足青蛙从洼地里潮湿的家蹦了出来，大声对所有的野兽宣称："我是一个医术高明、能治百病、博学多才的医生！"一只狐狸问他："你连自己跛足的姿势和起皱的皮都不能治，怎么还吹牛说能给别人治病呢？"

这故事是说，判断人们的知识和才能需要看他的实际行动，而不是被他的花言巧语所迷惑。

的确，一个人说得再好听，说得再对，可实际上做的是另外一套，那这种人更可恶。

人是极其复杂的，因为人的内心所想所要干的与其言行，因人不同而有异，即有一致的或相反的。一般而论，刚直的人，心里所想的，就照说照干，这种人言行一致易于了解，听其言观其行便知其人。但狡佞的人，所想所要干的是一回事，所说的以至所行的又是另一回事，即以其漂亮的言辞，合乎道义的行为，掩盖其罪恶的用心，因而获得人们的赞赏和支持，以达到其罪恶的目的。所以，对这种人，只察其言观其行，一时还难识其人，必是大智者或花相当的时间加以考察。

听其言，观其行，这是儒家常用的识别人的方法，这种方法对我们今天的人来说仍有很大的借鉴价值。因为有的人是语言的巨人，行动的矮子，只说不做。因此在面对陌生人时，不仅要听其言，更要观其行。

一语亲近陌生人

对待一个陌生人，不仅要听他的言语更要看他的行动。

5. 透过表现看清陌生人

初次见面，想要认识一个陌生人，主要是要认识这个人的内心，而内心是看不见的，所以我们就要抓住他所表现出来的外在的东西，来勘破他的内在活动，这就是看透对方心理的艺术。

看透对方心理的艺术，是心理学研究的目标之一。但是，这种艺术不能只靠理论来解决，因为人不是傀儡，不会按照他人所预定的计划去行动，必须配合实际生活中人与人之间微妙的关系来进行。

面对初识之人，通过表现来揣摩对方的行为，是一种不错的办法。依靠这种办法，你可以仔细观察对方的举止言谈，捕捉其内心活动的蛛丝马迹；也可以揣摩对方的状态神情，探索引发这类行为的心理因素。

中国古代的军事家非常强调透视对方的心理。所谓"知己知彼，百战不殆"就是这个道理。

与孙子齐名的古代军事家吴起曾这样说过："凡是战争开始，首先必须了解对方将领的个性，然后才研究他的才能。"换句话说，面临战争的时候，应先调查敌将，然后才观察他的能力，依对方的状况来运用适当的手段，这样就能稳操胜券了。人的个性随处可见。如果你在生活中仔细观察，你一定会发现不同个性的种种表现。可见，一个识人高手，无论一个人对他来说是如何的陌生，然而，他都能够通过对方微不足道的表面现象，来了解一个人的内心世界。

据说洛克菲勒是观察人物的高手，他可以从一些微不足道的细节看透一个人。他根据对方的居住环境，也能发现其真实的面貌。譬如，利用假日出其不意地到同事家里拜访，随意看看其书柜上所摆放的书籍，即可了解对方的"兴趣"。

第三章
瞬间识人术,透析陌生人众生相

当然,面对不熟识的人,要透视他们,首先要选取最佳的"位置",这是一个很重要的问题,无论多么敏锐的眼光,只要与物体太接近,焦点便不容易调到合适的位置。不能保持一定的距离,镜头就无法发挥它的功效,所以我们还是从各种角度来观察事物比较恰当。

当你观察一个陌生人的时候,他的目光也可能在你投向他的时候,他也在投向你,而此时,他也会从你的表现来认识你是一个什么样的人,所以你要考虑得全面一些。

喜好谈论别人的人,在他的言谈举止中,同时也在接受别人对他的观察。人们从他批评别人的证据中,就可以大致看出他的人格。

然而,真正的察人高手,往往从别人不经意或细枝末节中就能看出很多东西来,就像柯南道尔笔下的侦探福尔摩斯,就会注意对方为人所疏忽的"特征"。譬如,有经验的推销员或店员,通常是鉴别初次见面者身份的天才。

日本管理顾问武田哲男归纳出几种常见的习惯动作,反映了特定的个性与行为模式:

①喜欢眨眼:这种人心胸狭隘,不太能够信任。如果和这种人进行交涉或有事请托时,最好直截了当地说明。

②习惯盯着别人看:代表警戒心很强,不容易表露内心情感,所以面对他们,避免出现过度热情或是开玩笑的言语。

③喜欢提高音量说话:多半是自我主义者,对自己很有自信,如果你认为自己不适合奉承别人,最好和这种人划清界限。

④穿着不拘小节:也代表个性随和,而且面对人情压力时容易屈服,所以有事情找他们商量时,最好是套交情,远比通过公事上的关系要来得有效。

⑤一坐下就翘脚:这种人充满企图心与自信,而且有行动力,下定决心后会立刻行动。

⑥边说话边摸下巴：通常个性谨慎，警戒心也强。

⑦将两手环抱在胸前：做事也非常谨慎，行动力强，坚持己见。

所以说，面对初次见面的人，你一定要具备识人的本领，而以上我们所说的这些知识相信可以帮助你在观察人的言行之余，真切了解一个人。总之，要看穿被歪曲、粉饰的言行，才能辨认别人心中的真意。

因此唯有利用从现实生活中学到的知识来观察，才能更准确地分析人心并看透人的本质。

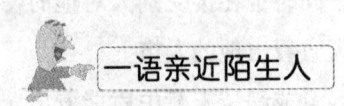

一语亲近陌生人

只要你能准确地抓住他的心，相信一定能获得他的认同。

6. 通过着装破译陌生人内心

观其穿戴而知雅俗，是指通过其所要考察对象的穿着打扮来判定他（她）是雅或俗。人的穿戴主要是反映一个人的精神面貌，它可以表现出一个人的气质、修养、风度，同时也可以表现出一个人的身份。

如今随着时代的前进，人们更加注意用穿衣装扮来展示自己的个性，展示自己的审美观。所以从穿着打扮上可以更好地把握一个人的性格。

①喜欢穿简单朴素衣服的人，性格多沉着、稳重，为人真诚而热情。这种人在工作、学习和生活当中，对任何一件事情都比较踏实、肯干，勤奋好学，而且还能够做到客观和理智。但是如果过分地朴素，表明这个人缺乏主体意识，软弱而易屈服于别人。

②喜欢穿单一色调服装的人，这样的人在性格方面比较正直、刚

强,做事比较理性。

③喜欢穿浅色衣服的人,这样的人性格比较活泼、乐于与人交谈,交际能力很强。

④喜欢穿深色衣服的人,这样的人性格比较稳重,城府很深,凡事深谋远虑,常会有一些意外之举,让人捉摸不定。

⑤喜欢穿式样繁杂、五颜六色衣服的人,这样的人虚荣心比较强,爱表现自己而又乐于炫耀,他们任性甚至还有些飞扬跋扈。

⑥喜欢穿过于华丽的衣服的人,也是有很强的虚荣心和自我显示欲、金钱欲的。

⑦喜欢穿流行时装的人,这样的人做事没有主见,没有自己的审美观,他们多情绪不稳定,且无法安分守己。

⑧喜欢根据自己的嗜好选择服装而不跟着流行走的人,这样的人独立性比较强,做事果断,很有决策力。

⑨喜爱穿同一款式衣服的人,性格大多比较直率和爽朗,他们有很强的自信心,爱憎、是非、对错往往都分得很明确。他们的优点是做事不会犹豫不决,而是显得非常干脆利落。言必信,行必果。但他们也有缺点,那就是清高自傲,自我意识比较浓,常常自以为是。

⑩喜欢穿短袖衬衫的人,他们的性格是放荡不羁的,但为人却十分随和亲切,他们很热中于享受,凡事率性而为,不墨守成规,喜欢有所创新和突破。自主意识比较强,常常是以个人的好恶来评定一切。他们虽然看起来有点吊儿郎当,但实际上他们的心思还是比较缜密的,而且什么时候都知道自己是做什么的,所以他们能够三思而后行,小心谨慎,不致因为任性妄为,而做出错事来。

⑪喜欢穿长袖衣服的人,这样的人大多比较传统和保守。但适应能力比较强,这得益于循规蹈矩的为人处世原则。把他们任意放在哪一个地方,他们很快就会融入其中,所以人际关系很好。他们很重视自己在

他人心目中的形象，希望得到注意、尊重和赞赏，从而在衣着打扮、言谈举止等各个方面都总是严格地要求自己。

⑫喜爱宽松自然的打扮，这样的人多是内向型的。他们常常以自我为中心，社交能力较弱。他们有时候很孤独，也想和别人交往，但在与人交往中，又总会出现许多的不如意，所以到最后还是以失败告终。他们多是没有朋友，可一旦有，就会是非常要好的，他们的性格多比较害羞、胆怯，不容易接近别人，也不易被人接近。一般不喜欢团体活动。

⑬喜欢穿着打扮以素雅、实用为原则的人，这样的人多是比较朴实、大方、心地善良、思想单纯而又具有一定的宽容和忍耐力的人。他们为人十分亲切、随和，做事脚踏实地，从来不会花言巧语地去欺骗和耍弄他人。他们的思想单纯只是说凡事都往好的方面想，绝对不是对事物缺乏自己独特的见解。他们具有很好的洞察力，总是能把握住事情的实质，而作出最妥善的决定和方案。

⑭喜欢色彩鲜明、缤纷亮丽的服装的人，这样的人比较活泼、开朗，单纯而善良，性格坦率又豁达，对生活充满信心，比较积极、乐观和向上。他们多是比较聪明和智慧的，这些体现在外的就是有较强的幽默感。同时，他们的自我表白都爱循规蹈矩，而不敢有所创新和突破。他们的冒险意识比较缺乏，但又喜爱追名逐利，自己的人生理想定得表现欲望比较强，常常会制造些意外，给人带来耳目一新的感觉，以吸引他人的目光。

一语亲近陌生人

"服饰衣着是人的第二层皮肤"，也是我们了解他人的一个重要途径。

7. 眼神是一个人心灵的窗口

　　眼睛是上帝赐予人类的礼物。与陌生人接触，从他的眼睛中，可以读懂他的大概。因为一个人所思所想很多时候会通过他的眼神表现出来，所以，在不了解陌生人的情况下，通过观察他丰富的眼睛语言，也可以在某种程度上对他有一个大致的了解和认识。

　　从医学上来看，因此被称"五官之王"。孟子云："存之人者，莫良于眸子，眸不能掩其恶。胸中正，则眸子瞭，胸中不正，则眸子眊。"从眼睛里流露出真心是理所当然的，"眼睛是心灵之窗"。

　　深层心理的欲望和感情首先反映在视线上。视线的移动、方向、集中程度等都表达出不同的心理状态，观察视线的变化，有助于人与人之间的交流。爬上窗台就不难看清屋中的情形，读懂人的眼色便可知晓人们内心的状况。

　　眼睛看人的方法由来已久。人的个性是一成不变的，无论其修养功夫如何深远。俗语说：江山易改，本性难移。性为内，情为外，性为体，情为用。性受外来的刺激，发而为情。刺激不同，情所表现最显著、最难掩饰的部分，不是语言、动作，也不是态度，而是眼睛。

　　在人的一生中，眼睛所表达出来的"语言"是最丰富多彩的了。更多的时候，人的眼睛和舌头所说的话一样，能从眼睛了解事物的大致面目。眼睛是人类五官中最敏锐的器官，它的感觉领域几乎涵盖了所有感觉的70%以上，其他感觉与之相比显得微不足道。以饮食为例，人们吃食物时绝不仅靠味觉，同时会注意食物的色、香，以及装食物的器皿等。

　　如果在阴暗的房间里用餐，即使明知吃的是佳肴，也会产生不安的感觉，无心品尝或胃口大减。相反，如果在一流的饭店或餐厅用餐，用精致的器皿装食物，并重视灯光的调配，定会增加饮食者的胃口，吃得津津有味。这是视觉影响了人们的食欲。

有时，眼睛也会说话，一个人的内心活动，经常会反映到他的眼睛里，心之所想，透过眼睛就能表达出个大概，这是每个人都隐瞒不了的事实。

这里所说的"看眼睛"，并非真的凝视，而是观察对方视线的活动。通过了解一个人的视线活动状况，就能大致完成与他人之间的圆满交往和心灵沟通。

一个人视线可以通过不同的角度来了解。

与陌生人接触，观察一个人的"眼神"，也是辨别一个人好坏的一个途径。

"眼神"正，其人大致正直，"眼神"邪，其人大致奸邪。平常所说的"人逢喜事精神爽"，是不分品质好坏而人所共有的精神状态。诸葛亮就是这样一个通过眼神识别人物的高手。

曹操派刺客去见刘备，刺客见到刘备之后，并没有立即下手，而是与刘备讨论削弱魏国的策略，他的分析极合刘备的意思。

不久之后，诸葛亮进来，刺客很心虚，便托辞上厕所。

刘备对诸葛亮说："我刚才得到一位奇士，可以帮助我们攻打曹操。"

诸葛亮却慢慢地叹道："此人见我一到，神情畏惧，视线低而时时露忤逆之意，奸邪之形完全泄露出来，他一定是个刺客。"

于是，刘备连忙派人追出去，刺客已经跳墙逃跑了。

与一位素不相识的人接触，在瞬息之间，就能透过一个人眼神的变化，看出一个人的目的和动机，这固然需要先天的智慧，但更多的是靠后天的努力，因为这种智慧是在环境中磨炼和培养出来的。诸葛亮能够看透此人，主要是从他的眼神闪烁不定中发现破绽的。

一个人如果没有从眼神观察对方的能力，那么，你就很难看透一个人的内心，所以，一个人要想在与他人初次见面的时候做到游刃有余，就必须读懂一个人的眼神。具体地说，这样的人可以从如下几种眼神中识别陌生人的心理：

①眼睛闪闪发光，通常表明对方精神焕发，是个有精力的人，对会谈很感兴趣，同时也意味着他是很难应付的人。

②目光呆滞黯淡，通常说明他是个没有斗志而索然无味的人，你可以努力地挑起他的内心欲望。

③目光飘忽不定，通常表示这是个三心二意或拿不定主意紧张不安的人。

④目光忽明忽暗，有可能说明他是工于心计的人，他很难接受语言的诱惑。

⑤目光炯炯有神，一般看来他是个有胆识的正直之人。

心理学家珍·登布列曾说道："假如一个顾客眼睛向下看，而脸转向旁边，表示你被拒绝了；如果他的嘴是放松的，没有机械式的笑容，下颚向前，他可能会考虑你的提议；假如他注视你的眼睛几秒钟，嘴角至鼻子的部位带着浅浅的笑意，笑意轻松，而且看起来很热心，这个买卖大概就有戏了。"

可见，一个人的眼睛往往是他灵魂的忠实解释者，而这种解释通常是无意的。

一语亲近陌生人

人的内心隐秘、心中的冲突，总是会不自觉地通过变化的眼神流露出来。

8. 通过神情了解陌生人的内心活动

"神"与"情"常被合称为"神情",似乎两者是一个东西或一回事儿,其实两者相去甚远,大有区别。"神"含于内,"情"现于外;"神"往往呈静态,"情"常常呈动态;"神"一般能久长,"情"常贵自然。总之,精神是本质,情态是现象。"久注观人神,乍见观人态"。

然而,无论古今,人的本性如出一辙,虽表象有所差异,但本质不变与今天无半点分别。所以,要善于从情态语言中着手辨识人物。情态虽变化不定,难以准确把握,但还是可以看出其大致情形,日后谁会成为有用之才,谁会沦为无用之人,也能看出个二三成。所以说,在与陌生人接触的时候,通过神情往往可以窥测到他的内心活动。

江忠源第一次上门拜见曾国藩,谈话之后,曾国藩告诉身边的人:"这个人将来必定名扬天下,但因气节太强烈而不得善终。"十多年后,江忠源果然以战功名扬天下,而在庐州与太平军发生交战时,由于弹尽粮绝而以身殉难。这应验了曾国藩的话是正确的。

又一次,在淮军刚刚建立时,李鸿章带领三个人去拜见曾国藩,正好曾国藩饭后散步回来,李鸿章准备请他接见一下那三个人,曾国藩摆摆手,说不必再见了。李鸿章奇怪地询问是为什么,曾国藩说:"那个进门后一直没有抬起头来的人,性格谨慎、心地厚道、稳重,将来可做吏部官员;那个表面上恭恭敬敬,却四处张望,左顾右盼的人,是个阳奉阴违的小人,不能重用;那个始终怒目而视,精神抖擞的人,是个义士,可以重用,将来的功名不在你我之下。"那个怒目而视、精神抖擞的人,即是后来成为淮军名将的刘铭传。

第三章
瞬间识人术,透析陌生人众生相

这两个例子足见曾国藩识人之术的高明。曾国藩识人,重视几句口诀:"邪正看眼鼻,真假看嘴唇,功名看器宇,事业看精神,志量看神采,风波看脚跟,如若看条理,全在言语中。"曾国藩又简单地将人分成四等:一等人为长方昂,二等人为稳谨称,三等人为材昏庸,四等人为动忿逐。

曾国藩识人,目的都是为了选贤任能,为了发现人才,重用人才,他识人时摒弃了江湖上那种重形轻神、重奇轻常、重术轻理的俗习。他的识人专著《冰鉴》则是重神而兼顾形,重常而辨别奇,重理而指导术,从整体出发,就相论人,就神论人,从静态中把握人的本质,从动态中观察人的归宿。

讲究均衡与对称,相称与相合,中和与适度,和谐与协调,主次与取舍等。《冰鉴》道出了人的神情之别,对识破陌生人的性情有很大帮助。如:

一个人的精神状态,主要集中在他的眼睛里。古之医家、文人、养生者在研究、观察人的"神"时,都把"神"分为清纯与浑浊两种类型。"神"的清纯与浑浊是比较容易区别的,但因为清纯又有奸邪与忠直之分,这奸邪与忠直则不容易分辨。要考察一个人是奸邪还是忠直,应先看他处于动静两种状态下的表现。眼睛处于静态之时,目光安详沉稳而又有神光,真情深蕴,宛如两颗晶亮的明珠,含而不露;处于动态之中,眼中精光闪烁,敏锐犀利,就如春木抽出的新芽。双眼处于静态之时,目光清明沉稳,旁若无人;处于动态之时,目光暗藏杀机,锋芒外露,宛如瞄准目标,一发中的,待弦而发。以上两种神情,澄明清澈,属于纯正的神情。两眼处于静态的时候,目光有如萤虫之光,微弱闪烁不定;处于动态的时候,目光有如流动之水,虽然澄清却游移不定。以上两种目光,一是善于伪饰的神情,一是奸心内萌的神情。两眼处于静态的时候,目光似睡非睡,似醒非醒;处于动态的时候,目光总是像惊鹿一样惶惶不安。

以上两种目光,一则是有智有能而不循正道的神情,一则是深谋图巧而又怕别人窥见他内心的神情。具有前两种神情者多是有瑕疵之辈,具有后两种神情者则是含而不发之人,都属于奸邪神情。可是它们都混杂在清沌的神情之中,这是观神时必须仔细加以辨别的。

通常观察识别人的精神状态,那种只是在一旁故作振作者,是比较容易识别的,而那种看起来似乎是在一旁故作抖擞,又可能是真的精神振作,则就比较难以识别了。精神不足,即使它是故作振作并表现于外,但不足的特征是掩盖不了的。而精神有余,则是由于它是自然流露并蕴涵于内。道家有所谓"收拾入门"(去掉杂念,以静制动)之说,用于观"神",要领是:尚未收拾入门,要着重看人的轻慢不拘;已经收拾入门,则要着重看人的精细周密。对于小心谨慎的人,要从尚未收拾入门的时候去认识他,这样就可以发现,他愈是小心谨慎,他的举动就愈是不精细,欠周密,总好像漫不经心,这种精神状态,就是所谓的轻慢不拘;对于率直豪放的人,要从已经收拾入门的时候去认识他,这样就可以发现,他愈是率直豪放,他的举动就愈是慎重周密,做什么都一丝不苟,这种精神状态,大都存在于内心世界,但是它们只要稍微向外流露一点儿,立刻就会变为情态,而情态则是比较容易看到的。

在观察一个陌生人的精神状态时,要由外在的情态举止,去探察其隐伏在内的精神气质,窥视到他的心灵深处真实的活动。这虽然不容易,但只要你细心观察,总有收获的。

一语亲近陌生人

在观察一个不相识的人时,要由外在的情态举止,去探察其隐藏在内的精神气质,窥测到他的心灵深处的真实活动。

第三章
瞬间识人术，透析陌生人众生相

9. 识人有术

初次见面的陌生人，要在短时间之内摸清对方的底细，迅速掌握对方性格上的优缺点，依靠的就是"识人术"。

我们都知道，不相识的人初次见面，首先留下印象的一般总是外貌。外貌（包括长相如何、风度怎样等）似乎决定着第一印象的好坏。

但是，我们认识人不能只停留在第一印象的水平上。第一印象只是对一个人认识的起点，而绝不是终点，因为它毕竟是建立在内在本质的信息不足的基础上的，因而具有一定程度的表面性和片面性，有时还会有虚假性；并且，它也常常受我们的生活经验、好恶倾向所左右。须知，生活中，人是可以改变的。我们应该努力看得更深刻一点。

社会上有些人十分重视第一印象，尤其是长年与社会打交道、熟知各类性格的人，如侦探、教师、作家以及人事干部等，他们中的一些人对第一印象颇为自信。有许多著名的侦探就凭瞬间的闪念或某种直觉来判断对方是否是罪犯。

第一印象基本上是由直觉得出的。我们对直觉不能不信也不能全信。直觉往往是最纯净、最不被掩饰的，但是它也往往是最简单、最肤浅的。因此，不要光凭直觉，除非受过专门的训练，已达到老练的侦探或者渊博的心理学家那样的水平。

记住，全然听信"第一印象"是幼稚的，甚至是危险的。应当去验证它。如果后来所观察到的事实与第一印象不符，就应尊重事实。去除先入之见。

不了解事实真相，就不可能明智地思考问题。

先入之见使人不可能有真正的洞察力，必须努力克服。克服先入为主的最好方法，是把感情和事实严格区分开来，努力做到对事实作客观、公正和全面的分析与判断。

(1) 正确评价自己

正确地认识自己、评价自己，这是理解别人、认识别人的基础。

认识自己，等于说是以自己为题材而做的"对人的研究"。因此，对自己认识越深，就越能接近"别人"，对别人的行为或心理也就能做更进一步的了解。

(2) 设身处地

只要你在内心假设处在此人那样的位置和情况，你会怎样做，就会明白此人的行为。你也许会发觉，你也不得不和此人曾经做过的一样，甚至还不如此人。

"设身处地"，这不仅有益于搞好人与人之间的关系，也是了解别人的最简单的一个方法。

(3) 大胆地猜猜看

对一个自己不熟悉的人进行认识和判断，不妨先根据此人留给我们的最初形象来进行分类，假设就是这么一种类型的人；然后，再在实际生活中逐步去有意识地观察，看看是否符合我们的假设。如果全部符合，此人就是我们原来假定的那种人；如果全部不符合，此人就是另外一种类型的人；如果部分符合部分不符合，此人就是具有这种类型的人所具有的某些特征，一般这种情况最多见。这样，至少有助于我们的识人。

(4) 用比较来衡量

心理比较是人们普遍的心理状态，没有比较是不可能的，问题在于怎么比。对比的方法正确，会收到良好的效果。如果只有横向视野，没有纵向视野，或者只看近不看远，就会由此产生各种错觉、猜疑和误会。

比较是一个好方法。它对于认识人，分辨出人们之间的微小差异是有很大帮助的。

(5) 跳出感情的圈子

正确地认识一个人之所以极其困难和复杂，其主要原因就在于感情对我们理性的干扰和影响，使我们常常迷失方向，走向歧路。只有跳出感情的圈子，摆脱利益的束缚，心平气和地观察、了解一个人，才会有更清楚的认识。

总而言之，在与陌生人接触的过程中，懂得阅人有术，才是最可靠的识人方法，才能减少判断失误。

一语亲近陌生人

人的一生，是与人打交道的一生，在选择与什么样的人打交道时，只有将人读懂了、看清楚了、阅明白了，才会交上朋友，得到别人的帮助。

10. 鼻子出卖了你的心

有位研究身体语言的学者，为了弄清鼻子的"语言"问题，专门做了一系列观察"鼻语"的旅行。他去车站观察，在码头观察，到机场观察。他旅行了一个星期，观察了一个星期。由此得出两点结论：

第一，旅途中是身体语言最丰富的。因为各种地区、各种年龄、各种性别、各种性格的人汇集在一起，而且都是陌生人，语言交流很少，但心理活动又很多，所以，大量的心态都流露在身体语言中。他说："旅途是身体语言的试验室"。

第二，人的鼻子是会动的，因此，是有身体语言的器官。他说，根据他的观察，在有异味和香味刺激时，鼻孔有明显的张缩动作，严重时，整个鼻体会微微地颤动，接下来往往就出现"打喷嚏"现象。他认为，这些"动作"都是在发射信息。此外，据他观察，凡是高鼻梁的人，多少都有某种优越感，表现出"挺着鼻梁"的傲慢态度。关于这一点，有些影视界的女明星表现得最为明显。他说，在旅途中，与这类"挺着鼻梁"的人打交道，比跟低鼻梁的人打交道要难一些。

由此可见，初见一位陌生人，当对方的鼻子做出不同的动作时，也表明对方内心有不同的情绪。所以，通过鼻子的动态也可以读懂人心。

(1) 鼻子胀起来时

在谈话中对方的鼻子稍微胀大时，多半表示对你有所得意或不满，或情感有所抑制。通常人的鼻子胀大是表现愤怒或者恐惧，因为在兴奋或紧张的状态中，呼吸和心律跳动会加速，所以会产生鼻孔扩大的现象。因此，"呼吸很急促"一词所代表的是一种得意状态或兴奋现象。

至于对方鼻子有扩大的变化，究竟是因为得意而意气昂扬，还是因为抑制不满及愤怒的情绪所致？这就要从谈话对象的其他各种反应来判断了。

(2) 鼻头冒汗

有时这只是对方个人的毛病，但平日没有这种毛病的人，一旦鼻头冒出汗珠时，应该说就是对方心里焦躁或紧张的表现。如果对方是重要的交易对手时，必然是急于达成协议，无论如何一定要完成这个交易的情绪表现。因为他唯恐交易一旦失败，自己便失去机会，或招致极大的不利，就使心情焦急紧张，而陷入一种自缚的状态。因为紧张，鼻头才有冒汗的现象。

而且，紧张时并非仅有鼻头会冒汗，有时腋下等处也会有冒汗的现象。没利害关系的对方，产生这种状态时，要不是他心有愧意，受良心谴责，就是为隐瞒秘密所引起的紧张。

（3）鼻子的颜色

鼻子的颜色并不经常发生变化，但是如果鼻子整个泛白，就显示对方的心情一定畏缩不前。如果是交易的对手，或无利害关系的对方，便不要紧，多半是他踌躇、犹豫的心情所致。

有时，这类情况也会出现在向女子提出爱情的告白却惨遭拒绝时，自尊心受损、心中困惑、有点儿罪恶感、尴尬不安时，才会使鼻子泛白。

此外，皱鼻子表示的是对别人的厌恶之情；歪鼻子表示的是不信任；鼻孔扩张表明即将发怒或内心恐惧；哼鼻子是排斥他人的举动。

一语亲近陌生人

虽然鼻子是人体五官中动作最"笨拙"的器官，但鼻子同样有自己独特的语言。当你观察一个人的性格和内心活动时，不妨从观察他的鼻子入手。

11. 通过举止探秘陌生人心理

同陌生人交谈的最大困难就在于不了解对方，因此同陌生人交谈首先要解决的问题便是尽快熟悉对方，消除陌生。你可以设法在短时间内，通过敏锐地观察初步地了解他，他的头部动作，他的眉毛，他的醉酒状态等。都可以给你提供了了解他的线索。这一切都会自然地向你坦露关于主人的信息。这对于就要开始的彼此的交谈是十分有利的。

(1) 头部动作的内涵

①头部垂下呈低头的姿态

将头部垂下呈低头的姿态,它的基本信息是"我在你面前压低我自己",但这不限于居下位的人。当同事或居上位者做此动作时,它的信息乃是以消极的表达方式"我不会只认定我自己",然后变成这样的目标:"我是友善的。"

②头部猛然上扬然后恢复通常的姿态

头部猛然上扬然后恢复通常的姿态。这动作时机是刚刚遇见但还不十分接近的时候,它表示"我很惊讶会见到你"。在这儿,惊讶是关键性的要素,头部上扬代表吃惊的反应。用于距离较远的时候,头部上扬是用在彼此非常熟悉的场合。其时机是当某人突然明了某事物的要旨而惊叹"哦!是的,那当然!"的一刹那。

③摇头

摇头本质上是否定信号。颈部把头猛力转向一侧,再使它恢复中立的位置,这是单侧的摇头,同样传递"不"的信息。头部半转倾斜向一侧是一项友善的表示,仿佛是同路人在打招呼,传递的信息是"你与我之间,这蛮好的!"

摇晃头部时,说话者正在说谎而且试图压抑住要表示否定的摇头动作,但又不能彻底。

晃动头部,常被用来表示惊奇或震惊。其中隐含刚得知的消息是那么不寻常,以至于必须晃动头部才能确信这不是做梦。

④头部僵直

头部僵直,表示他是如此的有分量且毫不惧怕,甚至什么东西在身侧摔破都不屑一顾,或者是心里觉得无聊的表现。

颈部使头部从感兴趣之点往侧面方向移开。基本上就是一项保护性的动作,或把脸部移开以回避对身体有威胁的事物。在特殊情况下,这

个动作可借着掩饰脸部而隐藏自己的身份。

⑤颈部驱使头部向前伸并朝向感兴趣的方向

颈部驱使头部向前伸并朝向感兴趣的方向。这个动作既可满怀爱意，也可满怀恨意。前一种情况是：两个相爱的人，伸长脖子深情专注地凝视对方的眼睛；后一种情况则像两个冤家伸长脖子，探出头部以表示他们不畏惧对方，而且瞪视对方如同洞察对方的眼睛；第三种情况则出现在某人渴望吸引你全部的注意力之时，因此他会探出他的脸，以阻挡你去看其他任何可能吸引你的东西。

（2）眉毛

眉毛的变化丰富多彩，心理学家指出，眉毛可有20多种动态，分别表示不同心态。

①双眉上扬，表示非常欣喜或极度惊讶。

②单眉上扬，表示不理解、有疑问。

③皱起眉头，要么是对方陷入困境，要么是拒绝、不赞成。

④眉毛迅速上下活动，说明心情愉快，内心赞同或对你表示亲切。

⑤眉毛倒竖、眉角下拉，说明对方极端愤怒或异常气恼。

⑥眉毛完全抬高表示"难以置信"。

⑦眉毛半抬高表示"大吃一惊"。

⑧眉毛正常表示"不做评论"。

⑨眉毛半放低表示"大惑不解"。

⑩眉毛全部降下表示"怒不可遏"。

⑪眉头紧锁，表示这是个内心忧虑或犹豫不决的人。

⑫眉梢上扬，表示是个喜形于色的人。

⑬眉心舒展，表明其人心情坦然、愉快。

（3）醉酒

有人对喝酒之人总结出了这样一段口诀：

见酒贪饮者性馋，滴酒不沾者性毅；

开怀畅饮者性爽，扭捏不饮者性隘；

劝酒即接者性实，左右逢源者性猾；

有量怯饮者性狯，无量强饮者性憨；

酒后如常者性豁，酒后失态者性弱。

当然，这只是一种简单的分析，不排除特殊状况的存在。所以，需要结合各种实际情况去细心观察、分析。

不可否认，生活中有许多人是善于隐匿自己真实想法的高手。无论是从他的谈话还是他的表情，我们都很难窥见端倪。但不知细心的你发觉没有，其内心情绪的变化往往会通过神态、举止而暴露出来。一位心理学家曾指出：无声语言所显示的意义要比有声语言多得多，而且深刻。他还对此列出了一个公式：

信息的传递 =7% 言语 +38% 语音 +55% 表情

可见，如果你想要了解一个陌生人，通过对方无意中显示出来的态度、姿态，了解他的心理，有时能捕捉到比语言表露更真实、更微妙的内心想法。

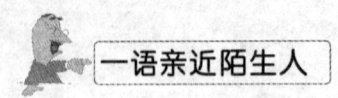

一语亲近陌生人

人也许可以控制自己的言语，但微妙的神态变化却可能一不小心就泄了他的底。有句歌词唱道："你的眼睛背叛了你的心。"其实，神态举止一样会"背叛"他的心。

第四章

妙语沟通,主动结交陌生人

具备结识陌生人的能力,就能扩展个人的活动范围,更容易把事情做好、得到多数人的支持,更能倾听到不同特点的朋友的建议,成就一个全新的自我。所以说,妙语沟通,主动结交陌生人是当今人们必须具备的一项能力。

1. 如何与陌生人交谈

在生活中，与陌生人初次见面时，你与其谈话要比对老朋友留心许多，因为你对他了解的并不多，所以，在你对其知之甚少的情况之下，更应当重视已经得到的一些线索。不仅如此，包括对方的声调、眼神和回答问题的方式，都可以揣摩一下，以决定下一步是否能向更深一步的友谊发展。

然而，如果你初次见面的人是个比较羞怯的人，此时，你需要先跟他先谈些无足轻重的话，缓和一下他的心情，让其放松，以激起他谈话的欲望。当对方谈性上来之后，特别要注意话题的选择。尽量不要说一些容易引起争论的问题。为此，当你选择某种话题时，要特别留心对方的眼神和小动作等细节问题，一旦发现对方出现冷淡、不愿意交谈的情绪时，此时应该马上改变话题。

那么如何与陌生人交谈呢？

第一，不要让对方总是用"是的"、"对"来回答你。

同陌生人交谈，由于彼此之间不是很了解，所以话自然也就少之又少，"是的"、"对"这样的话对于两个陌生的人来说是一种常用的语言。因此，如果想与陌生人打破这种格局，使彼此之间变得亲密就必须采取一些方法。

比如，当你和对方第一次见面时，如果你想就某一方面与对方进行交谈时，你可以这样开口："您对这方面有怎样的看法？"而不是问："你听说过这方面的事情吗？"这样的问话不仅可以避免对方用"是的"、"对"这样简单的词语予以回答，而且也为你们之间的谈话打开一个缺口，使你们可以继续交谈下去，不致彼此之间因为没有话题可说

第四章 妙语沟通，主动结交陌生人

而尴尬。

第二，禁忌的东西不要谈。

很多人在与陌生人进行交谈的时候，由于没有话题可说，于是就随便说出了一些话，比如大家都很热中的经济问题，这时，如果你问对方：最近的收入如何？或者衣服在哪里买的？多少钱？等等。虽然这是一种打开彼此之间话题的一种方法，但要明白你们是第一次见面，对方并不了解你的消费水平、收入水平，如果对方将自己的收入和消费说得过高，会显得自己很低俗，喜欢摆阔，如果对方说得太低，这样感觉又很没面子。所以在与陌生人初次交谈的时候禁忌的话一定不要说。

第三，与陌生人交谈学会说"不"。

"不"是语言中最为重要，无疑也是最有力量的词汇。我们时常需要对一些人说"不"，我们必须用"不"的智慧保护自己，用"不"的力量说服别人，用"不"的方法正确决策。生活中在与对方初次见面时，我们总会遇到许许多多的无可奈何，许许多多的尴尬，尤其是当对方提出一些观点时，赞同对方的观点往往是我们愿意干的事。而说"不"的时候，就会产生得罪人的感觉。双方都觉得不舒服。因此，愿意与周围人或环境有一个和谐的气氛，通常阻止我们对人说"不"，但是如果碰到对方不合理的要求，这时，我们不能迁就对方，而要勇于说"不"。要知道你有权利说不，而你没有义务去答应他。

然而如何说"不"呢？这里给大家一些小窍门，希望对大家有帮助。

①"不"最巧妙的方法就是直接说，而不说任何理由。理由不是自己想，而交给对方想。

②如果对方喋喋不休地追问时，你可以说，你有事情，他就不会再问了。这样答也不会让对方不好意思。

③将不得不拒绝的理由以诚恳的态度加以说明，直到对方了解你是

爱莫能助，这是最成功的拒绝。

④保持一些简单的回应，可以使用一些："感谢你看得起我，但现在真的不方便"、"对不起，这件事真的很伤脑筋"但你不需要因疚，因为拒绝是你的权利。

总之，遇到不认识的人无须瞠目结舌。引他们打开话匣子，你会得益无穷。如果你想与陌生人接触，勇敢地面对陌生人，是第一要素。见了陌生人怎么打招呼，怎么谈话，怎么说服、怎样让他人接受你，这些都是必须掌握的能力和技巧。只要你能掌握一些交谈技巧，深入地与陌生人交谈下去之后，你就会发现对方更多的方面，而不是一开始你判断的那一面，在交谈中对方也会调整视角，进一步审视你，两个人在性情、兴趣、思想等的碰撞后，就有可能感到"这个人可以交朋友"、"他值得交往"，于是约定了下次见面的时间。从而陌生人变成了朋友。

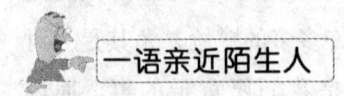

一语亲近陌生人

在现代社会，能够自如地与陌生人交谈是人们必备的一项生存技能。

2. 巧设开场白，打动他人心

高尔基说过："最难的是开头，如同音乐一样，全曲的音调都是它给予的。"讲话往往也是如此，初次见面，为了吸引陌生人的注意力，说好第一句话是十分重要的。开场白的好坏，几乎可以决定你与陌生人交往的成败。换言之，好的开场白就是成功交际的一半。大部分初次见面的人在听对方第一句话要比听后面的话认真得多，听完第一句问话，

· 108 ·

第四章
妙语沟通，主动结交陌生人

很多人就自觉或不自觉地决定了是尽快结束谈话，还是准备继续谈下去。因此，与人初次见面要重视开场白，表示你的关心和爱心，这样才会给对方留下良好的第一印象，才能迅速抓住他人的注意力，并保证交谈顺利进行下去。

某位推销员经常去教堂听布道，在那里认识了一些信徒，他决定向他们推销保险。有一位老年妇女在听布道时非常虔诚。这位推销员当时坐在她旁边，被她的表情所感动，出来以后就向她推荐保险，谁知她说她早买过了，但这位推销员向她请教《圣经》的内容，她却十分高兴，顺手把圣经递给这位推销员。让他看看某某页，她给这位推销员讲解。这位推销员惊讶地发现，她居然能把一段圣经一字不漏地背下来了！这位推销员以为她是神学院毕业的，对《圣经》很有研究。可她说："哪里啊，我连字都不认识，是因为经常去听布道，所以都记下来了。"

这位推销员立即对此大加称赞，夸她是他见到的惟一能背诵经文的人。

她很高兴，说："你有兴趣的话，每个礼拜，我都给你背一段。"

就这样，连着几个星期到教堂作礼拜之后，这位推销员耐着性子听她背经文，当然也学到了不少新东西，觉得还有点收获。

有一天，她忽然合上《圣经》，问他："你是推销保险的吗？我再向您买一张保单吧！"

这份意外的礼物来得太突然。这位推销员问她："为什么已经买过保险了还要再买？"她说："反正人生是无价的嘛！再说，能这么耐心地听我背经文，说明你很有爱心，我真的很高兴向你买保险，有你来替我服务，我很放心。"

因此，在生活与工作中，如果你感到和初次见面的人开始交谈有一定的困难时，那么，就说明你的第一句话没有说好，没有让对方对此产

· 109 ·

生兴趣，如果对方对你的第一句话产生了兴趣，那么，你们的谈话自然会变得自然顺畅许多。

为什么这么说呢？

因为说好说坏，关系重大。说好开场白的关键是能给人亲热、友善、贴心的感觉，消除彼此间的陌生感。

常见的有以下四种方法：

（1）问候式

"您好"是向对方问候致意的常用语，如能因对象、时间的不同而使用不同的问候语，效果会更好。对德高望重的长者，宜说"您老人家好"，以示敬意；对年龄跟自己相仿者，称"老×（姓），你好"，显得亲切；对方是医生、教师，说"王医师，您好"、"李老师，您好"，有尊重意味。节日期间，说"节日好"、"新年好"，给人以祝贺节日之感；早晨说"您早"、"早上好"则比"您好"更得体。

（2）敬慕式

对初次见面者表示敬重、仰慕，这是热情有礼的表现。用这种方式必须注意：要掌握分寸，恰到好处，不能胡乱吹捧，不说"久闻大名，如雷贯耳"一类的过头话。表示敬慕的内容应因人、因时、因地而异。

（3）攀亲认友式

这虽然不太被推崇，但实用性却非常强。通常，只要对一个素不相识的人作一番认真调查，都能找到或明或隐、或近或远的亲友关系，如果见面时再拉上这层关系，就能在短时间内缩短两人之间心理距离，使对方产生亲切感。

赤壁之战中，鲁肃见诸葛亮的第一句话是："我，子瑜友也。"子瑜，就是诸葛亮的哥哥诸葛瑾，他是鲁肃的同事挚友。短短的一句话就定下了鲁肃跟诸葛亮之间的交情。其实，任何两个人，只要彼此留意，就不难发现双方有着这样或那样的"亲"、"友"关系。譬如："你是这里的大学毕业生，我曾在这儿进修过四年。说起来，我们还是校友呢！咱俩真是'近亲'啊。"

这种初次见面互相攀认式的谈话方式很容易让人在短时间内产生一见如故的印象。

(4) 扬长避短式

因为面子问题，人们都喜欢别人赞美自己的长处。那么，跟初交者交谈时，应投其所好，以直接或间接的方式赞扬对方的长处作为开场白，就能使对方高兴，对你产生好感，交谈的积极性也就得到了极大激发；反之，如果有意或无意地触及对方的短处，使对方的自尊心受到伤害，交谈的效果就可想而知了。

日本作家多湖辉在他的书中记述了这样一件趣事。

被誉为"销售权威"的霍依拉先生的交际诀窍是：初次交谈一定要扬人之长避人之短。有一回，为了替报社拉广告，他拜访梅伊百货公司总经理。寒暄之后，霍依拉突然发问："您是在哪儿学会开飞机的？总经理能开飞机可真不简单啊。"话音刚落，总经理兴奋异常，谈兴勃发，广告之事当然不在话下，霍依拉还被总经理热情地邀请他去乘自己的自备飞机呢！

俗话说："酒逢知己千杯少，话不投机半句多。"有的人相处一辈子形同路人，而有的人却一见如故。两个萍水相逢的人要想在短暂的时间内，达到心灵上的共鸣，可见，说好开场白至关重要。

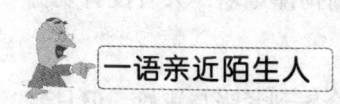

一语亲近陌生人

人与人之间能否顺利、和谐地沟通和相处，全在于初次见面时的开场白如何。

· 111 ·

3. 找到共同点，拉近彼此之间的距离

　　人与人之间交往，是从交谈开始的，交谈是交朋友、拉近距离、在思想上沟通的有效手段。许多事就是在不经意间的交谈中找到双方的共同点，在思想上和心理上产生一种共鸣，达成一种共识，从而获得别人的认同。交谈是交流、引发共鸣、交上朋友的最好方法。

　　所以说，说好开场白，仅仅是良好的开端。要谈得有味，谈得投机，谈得其乐融融，双方就必须确立共同感兴趣的话题。有人认为，素昧平生，初次见面，何来共同感兴趣的话题？这就要在讲话时仔细观察对方，从对方的兴趣、爱好、个性特点，到他的水平和心情处境入手，初次见面要做到一点，就要洞幽烛微，于细微处见品性。

　　一次刘小姐在拜访陌生人时，见其墙上挂有"制怒"二字，便知对方有克服易怒缺点的要求。便问道："您平时很爱发脾气吗？"对方答："我很容易冲动，但明知自己有这个毛病，却有时控制不了，为了提醒自己，就写下来挂到墙上，时刻告诫自己。"刘小姐由此展开话题，先是表示非常理解，继而谈出自己的看法，对方也就同一问题谈出感想，两个人谈的非常投缘，这样就缩短了与陌生人的距离，两人颇有"相见恨晚"之感。有些人在初识者面前感到拘谨难堪，只有没有发掘共同感兴趣的话题而已。

　　一般情况下，和别人初次见面，彼此都会感到紧张与尴尬。但只要双方能找到共同点，有共同的话题，就能很容易地拉近彼此的距离。比如说，双方都是背井离乡，外出求职的，又是同一所学校毕业，还认识共同的人等，在交谈过程中他们就会备感亲切。再比如刚开始见面时，

第四章
妙语沟通，主动结交陌生人

一方问对方："请问你是哪里人？"或者是"你是哪所学校毕业的？"如果对方回答："我是黑龙江人。"他就会接着说："黑龙江啊！我去过。我记得当地最具特色的产品有……"这样用不了几分钟，两人便可以聊得非常热乎，仿佛是多年不见的朋友一样。

面对陌生人，你要想法使对方和你的感情产生"共鸣"，而一旦产生了感情的"共鸣"，谈话的双方便由陌生人成为好朋友。

两个人从浙江某县城上车，坐在一条长椅上。

"你好，请问你在什么地方下车？"其中一人问对方。

"到终点站，你呢？"

"我也是，你到浙江什么地方呢？"

"我到杭州找女朋友，你就是本地人吧？"

"不是的，我是从外地来走亲戚的。"

经过双方的言语试探，双方都对这个城市很熟悉，对浙江很了解，都是外来者，这样他们的共同点就彼此清晰了。两个人发现对方的共同点后谈得很投机，下车后还互邀对方做客。

与人初识，要谈得有味，谈得投机，谈得其乐融融，双方必须确立共同感兴趣的话题。

那么，怎样才能找到自己同陌生人间的共同点呢？

（1）察颜观色，寻找共同点

一个人的心理状态，品位嗜好，生活习惯等，都会些许地要在他们的表情，服饰，谈吐，举止、习惯等方面表现出来，只要你善于观察，就会发现你们的共同点。

（2）以话试探，侦察共同点

两陌生人相识，为了打破这沉默的局面，开口讲话是首要的，有人以招呼开场，询问对方籍贯，身份，从中获取信息；有的通过动作进行观察，边帮对方做某些急需帮助的事，边以话试试探；有的甚至通过借东西，也可以发现对方特点，打开口语交际的局面。

(3) 听人介绍，猜度共同点

两个素不相识的陌生人在朋友家相聚，作为对于两人都很熟悉的主人，会在此时出面为彼此介绍，说明双方与主人的关系，各自的名字、身份、工作、个性特点、生活喜好等，细心人从介绍中马上就可发现对方与自己有什么共同之处。

(4) 揣摩谈话，探索共同点

为了在短时间内找到陌生人同自己的共同点，可以在需要交际的人同别人谈话时留心倾听、分析，揣摩，从中发现共同点。

(5) 步步深入，挖掘共同点

发现共同点是不太难的，但这只能是谈话的初级阶段所需要的。随着话题的深入，共同点会越来越多。为了使交谈更有益于对方，必须一步步地挖掘深一层的共同点，才能如愿以偿。一个陌生人在你面前并不可怕，可怕的是你不能与他交谈。你只要主动、热情地通过话语，同他们聊天，努力探寻与他们交谈的共同点，赢得对方的好感，这样就能拉近你们之间的距离。

怎样和陌生人说话，一个关键是要找到交谈的共同点，开始谈话前首先看对方有何与自己相同之处。

一语亲近陌生人

共同点是双方交往的共鸣，抓住了他它，你就找到了拉近彼此距离的最好工具。

4. 好口才，让陌生人不再陌生

印度诗人泰戈尔在《飞鸟集》中写道："我们一度梦见彼此是陌路人，醒来时发现我们是相亲相爱的。"但如此诗意的生存语境与现实是悖逆的。面对陌生人，一般人的反应都是好奇和提防，而多数情况下提防是大于好奇的。在每个城市的车站、宾馆、小区，我们几乎都会看到"民警提醒您：不要和陌生人说话"的标语。"陌生人"这个语词被不断地归于"原罪"，结果是大家在这种内心恐怖的怀疑主义下各自画地为牢，隔阂越来越多、社会危险系数却不见减少。

我们过去从来没有见过的人，甚至能帮助我们认识自己。因为我们可能对一个陌生人说出我们时常想说但又不敢向亲友开口的心里话，他们因此便成了我们认识自己的一面新镜子。

如果运气好，和陌生人的偶遇还会发展成为终身不渝的友谊。仔细想来，我们的朋友哪一个原来不是陌生人？

那么，我们遇上陌生人，怎样才能好好利用这一刻呢？

（1）选择适宜的话题

如果觉得"实在没有什么好说"，可以考虑以下话题：

①坦白说明你的感受

例如你可能在晚餐会上对自己嘀咕：我太害羞，与这种聚会格格不入。或是刚好相反，你认为许多人讨厌这种聚会，但是我很喜欢。

最健谈的人就是勇于坦白的人。这还有一个好处，如果你能坦诚相见，对方也会无拘束地向你吐露心声。

②谈谈周围的环境

如果你十分好奇，你自然会找到话题。有一次一个陌生人审视周围,然后打破沉默,开口说道:"在鸡尾酒会上可以看到人生百态!"这就是一句很有趣的开场白。

③以对方为话题

有一次,刘艳听见一位太太对一个陌生的女士说:"你长得真好看。"也许,我们大多数人都没有说这种话的勇气,不过我们可以说:"您穿的衣服真好看,我妈妈最喜欢这种颜色的衣服了,看着您穿这种颜色的衣服,使我想起了远方的妈妈。"

④提出问题

许多难忘的谈话都是从一个问题开始的。如果你常常问他人:"你每天的工作情况怎样?"通常人们都会热心回答。

一定要避免令人扫兴的话题。可能没有人愿意听你高谈阔论诸如狗、孩子、食物和菜谱,自己的健康、高尔夫球,以及家庭纠纷之类的事。所以,在谈话中最好不要谈及这些问题。

邱吉尔就认为孩子是不宜老挂在嘴边的话题。有一次,一位大使对他说:"温斯敦·邱吉尔爵士,你知道吗,我还一次都没跟您说起我的孙子呢。"邱吉尔拍了拍他的肩膀说:"我知道,亲爱的伙伴,为此我实在是非常感谢!"

(2) 要简洁而有条理

不懂节制是最恶劣的语言习惯之一。

无论是和一位朋友交谈,还是在数千人的场合演讲,最重要的就是"说话扼要切题"。

担任企业行政主管的人几乎都认为:在商业场合里,最让人头痛的就是讲话没有条理。不知有多少人的时光都因此浪费在那些信口开河、多余无聊的车轱辘话中去了。

如果你说话的目的是要告诉别人一件事,那就直截了当地说出来,不必扯得过远。

第四章 妙语沟通，主动结交陌生人

（3）要避免过多的"我"

人们在口头最常用的字之一就是"我"。这些人应该学学苏格拉底，不说"我想"，而说"你看呢"？曾有这么一个笑话：在一个园艺俱乐部的聚会中，有位先生在 3 分钟的讲话时间里，用了 36 个"我"。不是说"我……"，就是说"我的……"，"我的餐厅……"，"我的企业……"。结果，他的一位熟人忍不住走过去对他说："真遗憾你失去了妻子。""失去了妻子？"他吃了一惊。"没有！她好好的啊！""是吗？那么难道她和你谈到的餐厅、企业一点关系都没有吗？"

（4）要尽量少插嘴

插嘴，就像是一把"钩子"，不到万不得已时，最好不要用它。约翰·洛克说："打断别人说话是最无礼的行为。"

不要用不相关的话题打断别人的谈话；不要用无意义的评论扰乱别人的谈话；不要抢着替别人说话；不要急于帮助别人讲完故事；不要为争论鸡毛蒜皮的小事打断别人的正题。总之，别轻易插嘴，除非那人讲话的时间拖得太长，他的话不再吸引人，甚至令人昏昏欲睡，已经引起大家的厌恶。这时，你打断他倒是做了一件仁慈的好事。

（5）找准时机，适时切入

陌生人之间交谈。除了了解对方，让对方多开口，还要看准情势，不放过应当说话的机会，适时插入交谈。陌生人如能从你切入式的谈话中引起共鸣、汲取教益，双方会更亲近。

（6）借用媒介

寻找自己与陌生人之间的媒介物，以此找出共同的语言，缩短双方的距离。通过媒介物引发他的自我表露，交谈也会很容易的顺利进行。

（7）留有余地

留些空缺让对方接口，使对方感到双方的心是相通的，交谈是和谐的，进而缩短距离。因此，和陌生人交谈，千万不要把话说满，把自己的观点讲死，而应虚怀若谷，欢迎探讨。

要做到上述七条的关键是：情要热，语要妙。情热，就是有满腔热情，直率真诚，不虚假，不做作，不吹牛，不炫耀自己；语妙，就是措辞得当，出言有礼，妙语生辉，幽默自然，千万不要喋喋不休地讲对方不感兴趣的话。情热而语妙，纵使萍水相逢，也会一见如故。

所以，我们需要陌生人的刺激，一个跟我们不同、暂时是个谜的人。此外，和陌生人见面还会多少对你有所影响。在最好的情况下，那是彼此心灵相通，意气相投，一次邂逅成为你以后生命的一部分。

我们当中许多人都想说别人期待我们说的话，而且总觉得自己与别人不同就担心。然而正因为有这种不同，人生才能成为大戏台。如果我们彼此坦诚相对，不为别的，而只为互相了解，那么我们就能谈得投机，相见欢愉。

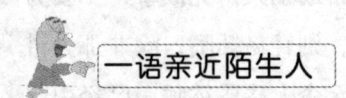

一语亲近陌生人

世间有一种能力可以使人很快与陌生人拉近距离，并得到认可，那就是说话的能力。

5. 赞美能让新人变故交

与陌生人交往，要想赢得对方的喜欢并不是一件容易的事情。但是，如果你能够真诚地赞赏对方，那么沟通就能够顺利进行，并取得成功，也就能够赢得对方的喜欢。

马斯洛的层次需求理论认为，自尊和自我实现是一个人较高层次的需求，它一般表现为荣誉感和成就感。而荣誉和成就的取得建立在得到

第四章
妙语沟通,主动结交陌生人

社会的认可的基础之上。而赞扬的作用,就是把对方需要的荣誉感和成就感,拱手相送到对方手里。当对方的行为得到你发自真心的赞许时,他会感受到自己的努力得到了别人的认同和肯定,从而使自己在心理上得到强化和鼓舞,自信心倍增,更加积极主动地发挥自身的主观能动性,大跨步地向着自己的目标冲击。而此时,如果你想和他拉近彼此之间的关系或是求他办事,往往不须费多么力气就可以成功。

有一个周游世界的妇女,她无论走到哪个国家,都会立刻结识一大群朋友。一个青年问她其中的秘密,她说:"我每到一个国家,就立刻着手学习这个国家的语言,并且只学一句,那就是'美极了'或者'漂亮'这个词,就因为我会用各种不同的语言表达这个意思,因此我的朋友遍天下。"

是的,"美极了"的确是一个绝妙的词,我们可以对一个母亲抱着的孩子用上这个词,可以对一个男子的女友用上,可以对一间屋子的主人用上,也可以用在一餐饭上,甚至一只猫、一只狗的身上,只要一个人的听觉没有失灵,当他听到这个词时,心情一定会快乐许多。

要清楚,任何人都喜欢听到别人的赞美,赞美使听的人感到温暖和被关注的喜悦感,无形之中会对说话人产生一种依赖感和亲切感。

陌生人与朋友之间的距离有多远?这完全取决于你如何与他们交流。掌握好这些技巧,你的周围都是你的朋友。

赞美是欣赏,是感谢,是对别人表示的敬意,赞美带给人的喜悦是无可比拟的。赞美在许多时候就像维生素,是一种最有效的食物。赞美是一种博取好感和维系关系最有效的方法。

赞美是最悦耳的音符,在适当的时间和适当的场合给你的家人道几句赞美的话,就会找到彼此共鸣的感应,创造一种和谐、充满爱的氛围。

近日，王宾想为公司新推出的一系列产品做广告，所以近日来，有许多广告公司的人来找王宾经理谈广告业务。

某广告公司的戴敬经理这天也来到了王宾经理的公司。他在来之前就知道这笔生意竞争激烈，于是一进王宾的办公室，戴敬就开始"献殷勤"。他看到办公室的墙上挂着公司的标志就说："哟，你们公司的标志设计得真不错呀，不仅看上去给人一种很有活力、积极奋进的感觉，而且越看就越觉得它意味深长。"戴敬就这样开始了他的谈话。

"是吗？这是公司刚成立时我亲自设计的。"王宾的自豪感油然而生。说罢，不无炫耀地向戴敬介绍了公司标志设计比例、色彩调配以及它的内涵，兴奋之情，溢于言表。

不用说，戴敬顺利地谈成了与王宾公司的广告业务，他既达到了目的，也给了王宾一种满足。

在这里，戴敬在有求于人时，巧妙地运用了赞语，巧妙地赞扬了王宾所取得的成就，使王宾的自尊心得到了极大的满足，而且他所称赞的，正是对方引以为豪并最感兴趣的，自然使对方感到高兴，使其心理得到满足，此时，戴敬的问题也就不成为问题了。

对于一个你不认识的人，想让他说起他自己引以为荣的事情，你可以从他的职业、所处环境作出判断，然后巧妙地称赞对方，激起对方言谈的兴趣。一位将军引以为荣的往往是他曾经所向披靡的赫赫战功；一位学识渊博的学者则必然对自己发表的论文和专著感到自豪。如果你想赞美一个陌生的学者，不妨对他说："先生，您的论文和专著在学术界颇具影响力，久仰大名。"教师则会以自己取得突出的教学成绩而得意，碰到一名教师不妨这样说："做教师的人都不简单，您的教学水平的确很高，我很敬佩。"

然而，赞扬别人，既要有诚意，又要讲究口才与方法：

第四章
妙语沟通,主动结交陌生人

(1) 审时度势,因人制宜

赞扬别人的方法很多,可以面对面地直接赞扬,也可以在公共场合对某个人或某些人进行赞扬,还可以在背后赞扬。在什么情况下采用什么样的方法,使赞扬的效果更好,这就需要赞扬者抓住一定的时机,因人而异,恰到好处地把自己的赞美之情表达出来。

赞扬不仅要因人而异,因场合而异,还要考虑到不同的阶段。如当你发现有值得赞美的事物和人的良好品格的苗头时,应当立即抓住这个时机,给予赞美对象以美好前景的鼓励;如人的优点和美好的事物已完全体现,那么你就必须给予赞美对象以全面肯定和充分赞扬。不同的阶段使用不同赞美语,不仅能克服人通常的毛病。而且能给人一种实在感和具体感。

(2) 实事求是,措辞适当

实事求是是指赞扬应以事实为依据,这是与"阿谀奉承"的本质区别。"阿谀奉承"是出自主观的愿望,是为了一己之私,有着明显的巴结逢迎的目的,即俗话所说的"拍马屁"。而真诚的赞扬应是在客观事实的基础上,是一种真情的流露,旨在使人快乐,与人进行感情的沟通。此外,真诚的赞扬除了要以事实为依据外,措辞也要适当。主要应注意两个方面:一是不要夸张,二是不要过分。

不要夸张,就是说赞扬话应该朴实、自然,不要有任何修饰的成分,不要夸大其词。

不要过分,指的是赞扬话要适度,有的话赞扬一次两次,一句两句就足以使对方高兴,而如果一句赞扬话说过多次或者对某个人堆上许多溢美之辞,那么对方会认为自己不配,或者会疑心你的动机不纯。

(3) 热诚具体,深入细致

日常交往中经常可听到这样的赞美辞。"你这个人真好"、"你这篇文章写得真好",等等。究竟好在哪些方面,好到什么程度,好的原因

121

又何在，不得而知。这种赞美显得很空洞，别人以为你不过是在客气，在敷衍。

所以，赞美语应尽可能做到热诚具体、深入细致。比如赞扬一个人穿的衣服漂亮，你不妨说："这件衣服穿在你身上很合身，颜色鲜艳，人显得精神多了。"美国社会心理学家海伦·克林纳德认为，正确的赞美方法是把赞美的内容具体化，其中需要明确三个基本因素：你喜欢的具体行为；这行为对你的帮助；你对这种帮助的结果有良好感受。有了这三个基本因素，赞美语才不致笼统空泛，才能使人产生深刻的印象。

(4) 出其不意，攻其不备

在赞美语的运用上，如能出其不意，攻其不备，往往能使人喜出望外，收到意想不到的效果。

我们在日常交往中，如能注意观察，并对那些被我们忽略了的优点、美德而及时加以赞扬，往往比赞扬那些人所共知的优点效果更好。如一位著名科学家、著名演员或著名作家，或在某些方面有较突出成就的普通人等，他们在各自的领域里都颇有建树，而对他们在各自领域里所取得的成绩的赞美声也就会不绝于耳。那么，我们不妨另辟蹊径，如赞扬他们和谐的家庭生活，他们漂亮的衣着打扮，他们亲切的微笑，以及优秀的品格等，这样肯定会使他们喜悦倍增。

总之，面对陌生人不知道该如何去赢得对方的喜欢时，你就试着去称赞对方的得意之处，比如说优美的发型、漂亮的衣裙、他人的成就等，这样很容易打消双方的陌生感，拉近双方的距离，并且赢得对方的喜爱。

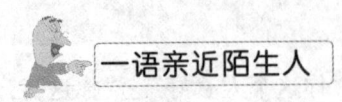

一语亲近陌生人

人人都有被赞美的欲望，赞美是人与人之间情感的"润滑剂"。

6. 会说话，轻松亲近陌生人

许多人对参加有陌生人在场的谈话，都有一种胆怯心理，有的人甚至见了陌生人一言不发，这其实是不明智的，只我们稍稍回忆一下，同我们最熟悉的老朋友，当我们刚刚开始认识时，不都是陌生的吗？如果拒绝同一切陌生人谈话，我们怎么会有自己的朋友呢？

面对初次见面的朋友，不仅要会赞美，还要注意说话的方式方法，千万不能因为一时"嘴快"而得罪对方，那势必会让你前功尽弃，懊悔不已。

所以，在与陌生人交谈时，我们也需要注意一些问题。

第一，在和陌生人开始交往时，要表现出对对方的兴趣。

每个人都觉得自己很重要，每个人都希望被看重。如果对方感觉到你对他的事情表示关注，那他就会认为他在你心中已经有了位置。被别人关注的感觉真的很好，如果第一次和别人交往就被关注，那就更极大地满足了对方的自尊心。

第二，让他人感到自己重要。

第一次和别人交谈的时候，一定要让别人觉得他很重要。那么怎么样才会让别人觉得他很重要呢？我们从话题这个角度上来看一下。在和别人的交谈中，一个好的话题，往往能让别人滔滔不绝，一个不合时宜的话题，会使人三缄其口。

第三，不可目中无人。

俗话说："谦受益，满招损。"谦虚的态度会使人感到亲切，目中无人的架子则会使人难堪，让自己孤立。所以，我们在和别人打交道的时候，一定不可目中无人。要秉持着谦虚谨慎的态度，这样我们才能得到初识之人的认可。

第四，巧妙地借用彼时、彼地、彼人的某些材料为题，借此引发交谈。

有人善于借助对方的姓名、籍贯、年龄、服饰、居室等，即兴引出话题，常常取得较好的效果。关键是灵活自然，就地取材，要思维敏捷，能作由此及彼的联想。

第五，从对方的外貌谈起。

每个人都对自己的相貌或多或少地感兴趣，恰当地从外貌谈起就是一种很不错的交际方式。有个善于交际的朋友在认识一个不善言谈的新朋友时，很巧妙地把话题引向这个新朋友的相貌上，"你太像我的一个表兄了，刚才差点把你认做他，你们俩都高个头，白净脸。有一种沉稳之气……穿的衣服也太像了，深蓝色的西服……我真有点分不出你们俩了。""真的?"这个新朋友眼里闪着惊喜的光芒。当然，他们的话匣子也打开了。

第六，问陌生人的兴趣。

循趣发问，能顺利地进入话题，如对方喜爱下象棋，便可以此为话题，谈下棋的情趣。如果你对下棋的回答略通一二，那肯定谈得投机；如你对下棋不太了解，那也正是个学习的机会，可静心倾听，借此大开眼界。

第七，寒暄与问候。

这是人际交往中一种礼节上或感情上的互酬互通行为，它本身不正面表达特定的意义，但它却是在任何人际交往中不可或缺的。它是交谈的"导语"，具有抛砖引玉的作用，是人际交往中不可或缺的重要一环。在社交活动中，几句得体的寒暄语，会使气氛变得融洽，会使两个人相见恨晚，这有利于顺畅地进入正式交谈。

第八，表达友情。

用三言两语恰到好处地表达你对对方的友好情意，或肯定其成就，

第四章 妙语沟通，主动结交陌生人

或赞扬其品质，或同情其处境，或安慰其不幸，就会顷刻间暖其心田，感其肺腑，就会使对方油然而生一见如故、欣逢知己之感。

　　交谈是建立良好人际关系，是促进人与人之间感情进一步融洽的润滑剂，是传递信息的重要渠道。同陌生人交朋友要勇于交谈。生活中有些人，一见到陌生人就感到无所适从，"不好意思"说话，甚至有人感到无从启齿，"没有办法"交谈。他们或是局促一角，尴尬窘迫；或欲言又止，嗫嚅迂讷；或说话生硬，使人误解……然而与陌生人开口交谈是人际交往中最重要的步骤之一。处理好这一步可以使人结识很多有趣的朋友。处理不好会引起尴尬，失去很多机会。

一语亲近陌生人

　　与陌生人初次见面，拥有良好的口才，卓越的说话技巧，不仅是赢得人心的技巧，也是增加个人魅力的砝码。

7. 找到话题，谈话融洽自如

　　人生无处不相逢。与陌生人见面，难免有些拘束，不自在，有时候还不能及时找到话题，这些都是正常的心理反应。如果你学会了沟通的技巧，鼓足勇气，树立起信心，那么一切都会迎刃而解。

　　与陌生人交谈的时候，要特别表现出对他的职业、性格、爱好的兴趣。在与对方谈话的过程当中，时不时地插入一两个小问题，或者由衷地表示你的赞叹、感慨："啊，这太有意思了。""真想不到，会是这样的吗？"让对方觉得你很愿意听他的谈话，并因此在第一次谈话时就把你看成他的知己。第一次交谈，如果你神情冷漠，一言不发，在他讲话的时候,你表现出心不在焉的样子,甚至连看也不看他一眼,他马上就会认为,你是一个骄傲而无礼的人,他会把你对他的冷落看成是一种侮辱而在心里永远嫉恨你。

初次与陌生人见面,就要找到一个合适的话题,使谈话融洽自如。好话题,是初步交谈的媒介,深入沟通的基础,开怀畅谈的开端。怎样和陌生人说话,一个关键是要寻找对方也熟悉的人和事,以此牵线搭桥,引出话题。

为什么你跟老朋友谈话不会感到困难?很简单,因为你们相当熟悉。相互了解的人在一起,就会感到自然协调。而对陌生人却一无所知,特别是进入了充满陌生人的群体,有些人甚至怀有不自在和恐惧的心理。你要设法把陌生人变成老朋友,首先要在心目中建立一种乐于与人交朋友的愿望,心里有这种要求,才能有行动。

这里,以到一个陌生人家去拜会为例:如果有条件,首先应当对拜会的客人做些了解,探知对方一些情况,关于他的职业、兴趣、性格之类。

当你走进陌生人住所时,你可凭借你的观察力、看看墙上挂的是什么?国画、摄影作品、乐器……都可以推断主人的兴趣所在,甚至室内某些物品会牵引起一段故事。如果你把它当做一个线索,不就可以由浅入深地了解主人心灵的某个侧面吗?当你抓到一些线索后,就不难找到话题了。

与初识的人如何交谈、谈什么话题,你也可以从自我介绍中获得信息。例如:

"您好,我叫王月,很高兴见到您。由于我刚从广州北上,对于这个环境不是很熟悉,请您多多帮忙。"

从这段自我介绍中,你可以得到哪些信息作为接下来的话题呢?

"我刚从广州北上"——这句话提供给你对方熟悉的环境,你可以

第四章 妙语沟通，主动结交陌生人

以"广州"作为话题的开端，请他谈一谈广东的特色等。

"对于这个环境不是很熟悉"——你可以用"介绍新环境"为话题，从彼此更进一步的交谈中得到更多的话题。

选择"与对方相关"或是"对方想了解的事物"为话题，是使话题延续的最佳方法。

如果你不是要见一个陌生人，而是参加一个充满陌生人的聚会，观察也是必不可少的。你不妨先坐在一旁，耳听眼看，根据了解的情况，决定你可以接近的对象，一旦选定，不妨走上前去向他作自我介绍，特别对那些同你一样，在聚会中没有熟人的陌生者，你的主动行为是会受到欢迎的。

接着，你可以问一些有关他本人的而又不属于秘密的问题。对方有一定年纪的，你可以向他问子女在哪里读书，也可以问问对方单位一般的业务情况。对方谈了之后，你也应该顺便谈谈自己的相应情况，才能达到交流的目的。

和陌生人谈话，要比对老相识更加留心对方的谈话，因为你对他所知有限，更应当重视已经得到的任何线索。此外，他的声调、眼神和回答问题的方式，都可以揣摩一下，以决定下一步是否能纵深发展。

有人认为见面谈谈天气是无聊的事。其实，这要具体问题具体分析。如果一个人说："这几天的雨下得真好，否则田里的稻苗早旱死了。"而另一个则说："这几天的雨下得真糟，我们的旅行计划全给泡汤了。"你不是也可以从这两句话中分析两人的兴趣、性格吗？退一步说，光是敷衍性的话，在熟人中意义不大，但对与陌生人的交际还是有作用的。

总之，合理的谈话内容有利于彼此间思想感情的交流与沟通，可使双方增长知识，使精神生活更加丰富。有人在社交中常常苦于无话可说，不知同对方聊点什么，这实在遗憾。寻找话题可注意以下几个方面：

①从社会的热门话题中寻找。人们普遍关心的话题最有吸引力。

②从双方的爱好中寻找。共同的兴趣可使你们的谈话妙语连珠，趣味横生。

③从双方的工作内容角度寻找。相同的职业容易引起共鸣，不同的职业更具有新奇感、吸引力。

④从彼此的经历中寻找。经历是学问，亲身经历过的人和事往往会给人留下极深的印象。这种交流最易敞开心扉、最易见到真情。

⑤从双方的发展方向角度寻找。人都关心自己的未来，前途与命运是长盛不衰的永恒的话题。人生若没有前进的方向，生活便失去了动力。这类话题最易触动对方最敏感的神经。

⑥注意家庭情况。谈家庭生活并不一定就是俗气。家庭是社会的细胞，家庭生活的完善、和谐是每个人的理想。这类话题不必做准备，随时都可谈论，但有思想的人都可以从中发现许多人生的哲理。

⑦关注子女教育。孩子是父母生活的希望，孩子的教育牵动亿万家长的心。怜子、爱子、望子成龙是家长的共同心理。谈及孩子，即使是性格内向的人，也会眉飞色舞、滔滔不绝。

要使对方对你产生好感，留下不可磨灭的深刻印象，还必须察颜观色，了解对方近期最关心的问题，掌握其心理。例如，一位姑娘在周末感到无事可干，便去参加一个舞会以排遣寂寞，但由于当时正是她脸上长"粉刺"最重的时候，有点"不敢见人"，便躲在一个角落里，以致舞会过半也没人来邀请她。这一切都被一位男士看在眼里，便走过来以一个礼貌的邀请动作请这位姑娘"赏光"，姑娘自然是又惊又喜。更令她感到惊讶的是，一曲终了，男士又夸了她一句："你的舞跳得不错嘛，干吗躲在一边让人不敢请？"一来二去，两人熟了起来。其实，每个人都可以利用这样的场合认识别人、开创友谊，只要你有意与别人交往，

第四章
妙语沟通,主动结交陌生人

善于打开别人的心扉,就会收到意想不到的效果。

此外,在与初次见面的人的交往过程中,凡是对方不知道,或者不愿意他人知道的事情都应该避免当成问题问他。问话的目的是引起对方的兴趣,不是使任何一方没趣。若能使答者回答得很起劲,同时又能增长你的见识,那便是问话的最高本领了。

有一位西方学者曾说:"倘若我们不能从任何一个见面的人那里学到一点东西,那就是我们处世的失败。"这话很发人深省,因为虚怀若谷的人,往往是受人欢迎的。所以,问话不仅打开了说话的局面,而且你也可以从对方的回答中学到许多你不知道的学问。

一语亲近陌生人

每个人都会在人际交往中遇到很多陌生人,你只要主动、积极地同他们交流、沟通,总会找到对方感兴趣的话题。

8. 让初次见面的人感到相见恨晚

一见如故,相见恨晚,历来被视为人生一大快事。善于和素昧平生者打交道,掌握沟通的诀窍是十分必要的,也是大有裨益的。和陌生人搭讪、沟通,经常是以这样的方式开始的:"请问,您是哪儿的人?哪个学校毕业?听您说话的口音,您应该是北方人……"有些人认为这一类的话,都是无聊的废话,他们不喜欢谈,也不屑于谈,他们不知道像这一类看来好像没有意义的话的意义之所在。其实初次见面,这些都是挺好的话题,以此作为开端,那继续交谈下去就会容易很多。实际上,这并不是简单的寒暄,而是有意在拉近彼此之间的距离。

· 129 ·

那么，在交谈中，如何让对方产生相见恨晚的感觉呢？

(1) 根据别人的性格特点说话

平时，我们面对的交际对象性格迥异，有的生性内向，不仅自己说话比较讲究方式方法，而且也很希望别人说话有分寸、讲礼貌。还有一些人性格比较外向，与他人说话，他们从不注意一些礼节方面的东西，喜欢直来直去，而且也很希望别人说话爽快一些。因此，与这样的交际对象交谈时，要注意说话方式，尽可能对其表现得尊重和谦恭些。

(2) 引导别人进入交谈

在交谈中，除了吸引对方的兴趣之外，还必须学会引导对方加入交谈。

常听到一些青年人说：他们在约会的时候，老是不能保证交谈生动活跃。其实，这本来是一个非常易于掌握的技巧，只要问一些需要回答的话，谈话就能持续下去。但是，如果你只问："天气挺好的，是吧？"对方用一句话就可以回答了："是啊，天气真不错！"这样，谈话也就进行不下去了。

如果你想让你的谈话对象开口畅谈，不妨用下列问句来引导："为什么会……？""你认为怎样才能……？""按你的想法，应该是……？""你如何解释……？""你能不能举个例子？"总之，"如何"、"什么"、"为什么"是提问的三件法宝。

(3) 根据别人的潜在心理说话

话要说到别人的心坎上，就要注意揣摩你的交际对象心里在想什么。如果你说的话与对方的心理相吻合，听话人就乐于接受；反之，你说的话就会使听话人产生排斥心理。

(4) 根据别人的不同身份说话

我们在生活中要与不同身份的人交际说话，因此，针对不同的身份，所选话题也应有所不同，即要选择与之身份、职业相近的话题。

第四章
妙语沟通，主动结交陌生人

一见如故，相见恨晚，是成功交际的理想境界，无论是谁，如果和大多数初交者能产生相见恨晚的感觉，他就会朋友遍天下，做事就会左右逢源，办事则会顺畅无阻，如鱼得水；反之，如果不善于与陌生人打交道，缺乏与初交者打交道的勇气，那么，他的交际面就会很窄，甚至会在交际中处处碰壁，做事也会时时不顺，如坐针毡，如登陡山。所以，对大多数人来说，跟初交者产生相见恨晚的感觉，将会对你的工作、学习大有裨益。

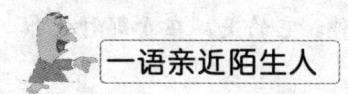

一语亲近陌生人

相见恨晚，历来被视为人生一大快事，善于跟不相识的人打交道，不仅是一件快事，而且对工作、学习大有裨益。

9. 讲话，要找到共同的话题

在人际交往中，不少人对如何与陌生人套交情，多少都有一些抵触心理，不是胆怯就是不屑，或是无从谈起。但是，我们一定要意识到，与陌生人沟通、来往是个绕不过去的坎儿、非跨不可的沟，不但要正视它，而且还要面对它，更重要的还是怎么做才能真正帮助你搞好与陌生人的关系。

有人说，"经常看到别人聊天时，有说有笑的，非常开心，却不知道他们在谈论什么。我经常与人家好像没话说似的，说着说着就冷场；或者是说着不咸不淡的话，乏味极了。"相信产生这种感觉的人还有很多。问题并不是因为你本身不受欢迎，人家不愿意与你聊天，是你没有找到一个聊天的切入点，才使得交谈的结果不尽如人意。

一般来说，每个人都希望聊一些与自己有关或者自己感兴趣的事情。了解了这一条原则，紧紧抓住，足以使你自然与人相谈甚欢。

李先生是一家天然食品公司的业务员。一天，他还是一如往常，把天然食品的方方面面告诉一位陌生的顾客时，对方对他说的话一点兴趣都没有。然而，当李先生正准备向对方告辞时，突然看到阳台上摆着一盆美丽的盆栽，上面种着紫色的植物。于是李先生请教对方说："好漂亮的盆栽啊！平常似乎很少见到。"

"确实很罕见。这种植物属于兰花的一种。它的美，在于那种优雅的风情。"陌生人从容地解释道。

"的确如此。会不会很贵呢？"李先生接着问道。

"很昂贵。这盆盆栽就要900元呢！"陌生人从容地接着说。

"什么？900元？"李先生故作惊讶地问道。

李先生心里想："天然食品也是900元，大概有希望成交。"于是慢慢把话题转入重点："每天都要浇水吗？"

"是的，每天都要很细心养育。"

这位顾客觉得李先生真是有心人，于是开始倾囊传授关于兰花的学问，而李先生也聚精会神地听。

过了一会儿，李先生很自然地把刚才心里所想的事情提出来："太太，您这么喜欢兰花，您一定对植物很有研究，您是一个高雅的人。同时您肯定也知道植物带给人类的种种好处，带给您温馨、健康和喜悦。我们的天然食品正是从植物体内提取的精华，是纯绿色食品。太太，今天就当做买一盆兰花把天然食品买下来吧！"

结果对方竟爽快地答应下来。她一边打开钱包，一边还说道："即使是我丈夫，也不愿听我唠唠叨叨讲这么多，而你却愿意听我说，甚至能够理解我这番话。希望改天再来听我谈兰花，好吗？"

第四章 妙语沟通，主动结交陌生人

戴尔·卡耐基曾经说过："要想找人办事得以成功，约有15%取决于技巧，85%取决于口才艺术。"显然，说话水平的高低，已成为一个人找人办事是否成功的关键因素，所以，在找人之前最好能够在语言上动动脑筋。

一个人的说话水平，可以决定他的社会层次。说话水平高的人，谈吐风趣，言辞得体，可以"天机去锦为我用"；赞美他人能够"良言一句三冬暖"。这样的人，往往容易被人尊重，受人欢迎，能赢得他人的友谊、信任、支持和帮助，在找人办事方面自然也容易获得成功。

和陌生人的关系不应当随随便便就能拉近，要十分慎重，遇到自己值得信任的人才能拉近关系。信任的第一反映是对对方有好感，而你对这个人都有了好感，你们之间就会有共同的话题和兴趣爱好，很容易就能拉近关系，要大方一点、积极帮助别人，更重要的还是要热情，说出迎合他人胃口的话，这样搞定陌生人对你来说根本不是问题。

一语亲近陌生人

与陌生人搞好关系并不难，在社交中，人们通常都希望出现令人愉悦的场面，所以只要你懂得迎合对方的胃口来说话，就可以让自己与陌生人的交往变得轻松起来。

10. 如何让陌生人喜欢你

在很多人的意识中，陌生人是某种敌对意味的代名词。"不要与陌生人说话"或者"不要和陌生人交心"等等成了一种普遍的规则。久而久之，当人们面对陌生人时往往不知道该说些什么，心里不停地向自己发问:"这样坐着太尴尬了,我该说些什么呢?"此时的一分钟往往感觉像一年那样长久。还有很多人在与陌生人交谈后,有时又会突然想到:"啊,那天我很唐突地说了那样的一句话。"想起来的时候,真是恨不得将自己痛打一顿。可是,世上没有后悔药可买,我们只好悔恨地提醒自己,下次不可以再犯。所以,在当前社会中,我们必须学会怎样和陌生人说话。

那么,如何让一个陌生人在短暂的时间内就接受你,认同你,喜欢你,相信你呢?这不是一件容易的事情。

第一,做个和善的谈话者。

有一些人在与初次见面的人说话的时候,总是给人一种冷淡而敷衍的态度,好像他们正在做一件自己不喜欢的事情一样。还有一些人拥有很好的财力,可是他们不曾具有一种额外的资产,令人欢喜的个性和恳切的笑容。殊不知,这些都是许多人易于让人亲近的特点之一。这种特点如果你能够立刻抓住,就会很容易得到他人的信任,获得他人的好感。

俗话说:"种瓜得瓜,种豆得豆",如果说我们对别人产生兴趣,那么他人自然也会对我们产生兴趣;如果我们在对方的面前露出不愉快的态度,那么对方自然也会对我们露出不愉快的态度。所以,在与对方交谈时,要让人感受到你平易近人的品性,这样自然别人也愿意接近你。

第二,说话简洁而有条理。

不懂节制是最恶劣的语言习惯之一。无论是和一位陌生人交谈,还是在数千人的场合演讲,最重要的就是"说话要扼要贴切"。

担任企业行政主管的人几乎都认为:在商业场合里,最让人头痛的就是讲话没有条理。这样,不知有多少人的时光都浪费在那些信口开河、多余无聊的话中去了。如果说话的目的就是要告诉别人一件事情,

第四章
妙语沟通，主动结交陌生人

那就直截了当地说出来，不必扯得太远。

第三，了解对方所期待的评价。

在还不熟悉的情况下，要避免否定对方的行为。初次见面，互相的了解并不多，这时提出否定的意见，对方往往不会接受，更容易产生一种反感。所以，你应该多了解对方所期待的评价。心理学家认为，人是这样一种动物，他们往往不满足自己的现状，然而又无法改变它，因此只能各自持有一种幻想中的形象或期待中的盼望。他们在人际交往中，非常希望他人对自己的评价是好的，比如胖人希望看起来瘦一些，老人愿意显得年轻一些，急欲被提拔的人期待实现这一天等。

第四，适度地赞美。

在和陌生人见面之前，应该从侧面了解一下对方的情况，尤其要知道他有什么优点或者特长。当见面介绍寒暄之后，抓住机会，借此发表一番"外交辞令"，把他的才能、成就、天赋、地位、特长等作一种夸张式的炫耀与渲染，这不仅活跃了气氛，而且让对方感到自己深深地为你所了解、所倾慕，一箭双雕。尤其是利用这种方式把对方推荐给第三者的时候，更加有效果。

第五，打破严肃。

与陌生人初识，有时只需抓住对方的工作或者生活中的某一个细节，就会很顺利地叩开双方沟通之门。

你可以认真观察一下身边的一些陌生人，看看他们是不是有比较特别的地方，比如对方穿着上是否有异族风情的配饰，比如对方使用的手机款式让你非常青睐，比如对方所用香水的牌子……谈论这些细节很可能会立刻吸引对方的兴趣。聊天的话题最好选择节奏感比较轻松明快的、无需费劲思量的，这样就不会让人对你产生反感心理。

第六，建立信任关系。

有的人在与陌生人交谈时，特别喜欢向对方表示亲密的态度或用甜

· 135 ·

蜜的语言与之接近，然而，这样不仅无法达到拉近关系的目的，还会引起对方警戒，甚至受其轻视。所以信任非常重要。古人说：言必信，行必果。有的人用人朝前，不用人朝后，这种观念是错误的。人们不能过着自私而有效率的生活，只想以自己的方便操纵对方，是建立不起信任的。所以如果有意与人交流，保持信任的关系，是必不可少的条件。信任的关系，寓于日常生活中。只要得到他人认同，而你也自认不辜负他人，如此就能建立信任，达到圆满的说服。做到这些，相信你将能发现与陌生人相处的乐趣与效果。

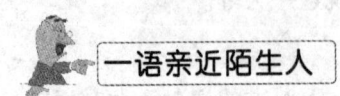

一语亲近陌生人

社会上的任何人，都不愿意自己给人留下难以交往的印象，就算那些冷漠、薄情的人，他们也在不断寻找一种通道，达到与他人和谐交流和沟通的目的。

11. 多了解对方，缩短与陌生人之间的距离

要使陌生人变成你的老朋友，你就要设法了解他们，探听他们的兴趣和对各种事情的看法。再把所获的种种细微信息分析及探究，由小到大，由微见著，作为交谈的基础。必须看清交谈的对象，从他的兴趣爱好、个性特点、文化水平、心情处境等入手。注意心理相容，使对方爱听自己的话，对方的话自己也能接受。你要主动地这样做，在你心中，你要有乐于和他们交朋友的心情。如先建立起这种态度，那你的话就容易说了。

所以，当你有机会预先知道你将遇见一位陌生人，那么你就要预先

第四章
妙语沟通，主动结交陌生人

向你们双方都认识的朋友们，探听一下对方的情况。关于他的职业、兴趣、性格、历史等，你能够知道得越详细越好。不过，在其中的某些方面，你要提防，你的朋友或许对这位你将认识的人，有偏见。当你走进那位陌生人的住所时，你要能够善于观察，看看能不能找到一些线索使你对他了解得更多一点。

如果你要见到的不是一两个陌生人，而是一个充满陌生人的团体，你到处都找不到一个熟识的人，这时候，你自然可以静静地坐在一边。只用你的耳朵和眼睛去听去看。另外一种情形，就是参加一个已经组成的集团。在这种聚会里，除了少数找不到谈话的人以外，就是三三两两，这里一群，那里一组地已经展开了谈话。这时候你观察一下，选择一个你看起来和你有共同点，并且可能容易接近的一组，靠近他们坐下来。在你开口之前，要听一听他们正在讲些什么，由讲话人的品格风度来判断一下自己参加进去是不是合适。如果你觉得不合适，你可以再到别组去试一试。不过记住，在你开口以前，你必须先用你的耳朵和眼睛。

不仅如此，在和陌生人谈话的过程当中，要留心对方态度的变化。你不应该太过分重视自己的兴趣，而应多重视对方的兴趣。如果你希望开始的谈话成功而又美满，你更应该重视对方的兴趣甚过于自己的。当对方兴趣转变时，你要能够及时地转变你谈话的题材。

留心对方的面部表情，留心他的眼神，留心他的动作，什么时候他不想开展这一方面的谈话，什么时候他表示不安，或者冷淡。对于最容易引起争端的某些问题，例如宗教信仰、政治主张等，和陌生人谈话的时候，要尽量地避免。即使你是极热心的传教家，或是认为自己有说服对方的责任，那也要把你的希望寄托在以后见面时。因为这些问题，绝不是三言两语就能谈出个究竟来的，如果你太过于心急，那不是当场发生争执，就是对方一味地敷衍你，或是借故走开，这些都是不愉快的。

懂得了这些，那么在以后结交陌生人的时候就要懂得分寸，不可因为一些问题而引起彼此之间不必要的麻烦，为以后的接触制造障碍，这些都是不可取的。同时，你也必须明白，结交陌生朋友对于一个人的成长和发展也起着至关重要的作用。

"独木难支大厦"，朋友在关键时刻帮你一把，可能会直接促进你事业的成功。所以要时刻注意能结交人缘的好机会，你对此必须有所准备，因为机遇是一件捉摸不定的宝贝，但它却专爱有准备头脑的人。

所以，如果一个人特意要去结识一个从未打过交道的陌生人时，应当把这一过程当成一次人生的挑战，事先做好充分的准备。可以通过多种渠道了解对方的背景、经历、性格、喜恶，在对对方基本情况了如指掌的前提下，设想有可能出现的问题，做好以不变应万变的心理准备。然后，在交往之中针对对方的特点有的放矢、投其所好，令其两情相悦，产生"相见恨晚"之感，从而赢得对方信任。

如今，广交朋友，多交朋友似乎已成为社会的一种时尚，人与人之间的联系越来越频繁。如果在你与人相处之时，能保证对方心情愉快，没有丝毫的戒备、恐惧和不安，自由的空气和欢乐的气氛始终围绕着他，那么你就能变成让他终生难忘的人。

所以，当你准备参加座谈会时，如果即将碰面的对象是陌生人，而你想和他初次见面就增加熟悉感，你就应该尽量多地了解对方的心理。先查阅一些有关对方的资料，或者向他人询问对方的相关背景，对他有一个初步的了解。这样，当你在座谈会上提问时，对方会因为你对他有所了解，对你产生好感，进而乐于与你谈话，你们的关系也就会水到渠成。

一语亲近陌生人

同陌生人交谈首先要解决好的问题便是尽快熟悉对方，消除陌生感。

第五章

良好的礼仪,让陌生人对你"一见倾心"

礼仪和交际对每个人来说都很重要,二者相辅相成,没有明显的界限,这是人际交往与沟通的必要组成部分。交际礼仪看似简单,其实是一门很深的学问,在与陌生人接触的过程中,得体的礼仪有助于给初次相识的人留下好的印象,赢得对方的尊重,有助于建立广泛的人脉关系,使你在人际交往及商务活动中游刃有余,事半功倍。

1. 亲近陌生人需要社交礼仪

得体的礼节可以塑造一个人的良好形象，因此，与陌生人接触，每个人都应懂得人际交往的礼节。那么，在交际中应注意的礼节主要有哪些呢？

(1) 打招呼的礼节

一个人见到陌生人的第一件事就是向他打招呼。一个恰到好处的问候，会给人留下良好的印象。问候时，要注意根据顾客的身份、年龄等特征，使用不同的称呼。另外，在向陌生人打招呼时，必须注意和他在一起的其他人员，必须同时一一问候。因为这些人往往是顾客的亲属、朋友、同学或同事。

(2) 吸烟的礼节

在与陌生人初次见面的过程中，你尽量不要吸烟。

这是因为：其一，吸烟有害身体健康；其二，在初次见面的过程中，尤其是在面谈中吸烟，容易分散对方的注意力；其三，如若对方不吸烟，那么对吸烟者会产生厌恶情绪。

如果知道陌生朋友会吸烟，也应注意吸烟方面的礼节。接近对方时，可以先递上一支烟。如果对方先拿出烟来招待自己，你应赶快取出香烟递给对方说："先抽我的。"如果来不及递烟，应起身双手接烟，并向对方表示感谢。如果你不会吸烟，此时可以婉言谢绝。但要切记：吸烟的烟灰要弹在烟灰缸里，不可乱扔烟头、乱弹烟灰。当正式面谈开始时，应立即灭掉香烟，倾听对方讲话。

(3) 喝茶的礼节

喝茶是中国人的传统习惯。如果你初次与一个人见面，对方端出茶

第五章 良好的礼仪，让陌生人对你"一见倾心"

来招待，那么，你应该起身双手接过茶杯，并说声"谢谢"。喝茶时不可狂饮，不可出声，不可品评。

(4) 出席舞会的礼节

各种形式的舞会是增进友谊的交际场所。如果你想接触一些自己未见面，但又很想认识的人，不仅要适时举办一些舞会作为招待，而且要适当参加顾客所举办的舞会，这样有利于陶冶情操，发展友谊，寻找新朋友。但是，在出席舞会时应注意出席舞会的礼仪。

一个人要讲究文明、礼貌，要衣着整洁，举止端庄，不可大声喧哗。音乐奏起，男女可互相邀请，一般是男伴邀请女伴，女伴尽可能不拒绝别人的邀请。如果女伴邀请男伴，男伴不得谢绝。音乐结束时，男伴把女伴送到她原来的座位上，并向她点头致谢。

总而言之，要想搞定陌生人，必须讲究社交礼仪，只有赢得别人的尊重，才能实现自己的目的。

一语亲近陌生人

礼仪可以说是人际交往中适用的一种艺术、一种交际方式或交际方法，是人际交往中约定俗成的示人以尊重、友好的习惯做法。

2. 握手有利于情感的传递

人与人之间的沟通原则是：我们和一个陌生人打交道时，总是先把手伸给对方，请求对方和我们握手，因为我们知道，这是向他人表示尊敬的一种方式。

其实，最初握手所代表的含义与现在的不同，握手可以追溯到原始社会。当时，人们用以防身和狩猎的主要武器是棍棒和石块。所以他们遇见陌生人时，如果大家都无恶意，就要放下手中的东西，并伸开双手，手心向前，向对方表明自己手中没有武器，然后走近，互摸左手以示友好和亲善，它是指敌对双方握手言和的意思。时间到了现代，这种见面摸手的习惯沿袭至今就形成了握手礼！握手直接关系到我们在社交中的个人形象，握手所体现出来的是人的修养问题，所以，为了给第一次见面的人留下一个好印象，在与陌生人握手时应该格外注意。我们必须要记住取得有效握手的五个原则。

第一，握手的主动和被动。

一般情况下，主动和对方握手，表示友好、感激和尊重。在别人登门拜访时，主人应先伸手，以表示对来访者的欢迎；离别时，正好相反，先伸手握别的应是客方。这样才能表达出自己对主人的盛情款待和自己打扰的歉意。一般情况下，送客人的时候，主人不能先伸出手去与客人握手，这样容易造成误解，让客人以为你不耐烦了，不欢迎自己，要催促自己离开。

主、客双方在别人引见或介绍时，一般是主方、身份等级高或年龄较大的长者先伸手；在异性人员之间，男性一般不宜主动向女性伸手。无论在何种场合，当你发现对方不怀好意，企图侮辱自己的人格时，即使他主动伸出手来，你也可拒绝和他握手，以示抗议。与女性握手，应等对方首先伸出手，男方只要轻轻地一握就可。如果对方不愿握手，也可微微欠身问好，或用点头、说客气话等代替握手。一个男子如主动伸手去和女子握手，则是不太适宜的。如果握手双方身份不同，主宾有别，辈分有大小之别。在握手时需要注意的是：一般是先贵宾、老人，后同事、晚辈，先女后男。

第二，握手的方式要正确。

在与对方进行握手时，身体取近似立正姿势，用右手与对方握手，

第五章
良好的礼仪,让陌生人对你"一见倾心"

然后身体稍微向前倾,目视对方,这样做是为了表达你对对方的关注和尊重。

第三,握力应当紧稳,但勿太用劲使对方觉得不适。

握手的力度往往传递着你的感情信息,所以,在握手时,要注意以下方面。有力的握手,虽然表示对对方的信任和尊重,或者你们之间关系比较亲密,或者表示谢意和较强的自信心。但如果用力过猛,则会使对方难以接受,会使对方误认为你另有目的或者是在向对方示威,这会给对方留下不好的印象。当然,如果在握手时,敷衍了事,会使人感到你缺乏热情、没有诚意,不重视,这也同样会给别人留下不好的印象。

第四,脸的朝向和身体的弯度。

握手时脸的朝向一般为面对面视;身体的弯度依对方的条件而定。不能昂首挺胸,身体可稍微前倾,以示尊重,但也不能因对方是贵宾就显得胆小拘谨,只把手指轻轻接碰对方的手掌就算握手,也不能因感到"荣幸"而久握对方的手不放。

第五,握手要讲究先后顺序。

在社交中,如果两个人的身份不相上下,这时,应该同时伸出手来。但是有一点需要注意,就是如果你比对方出手快,它会给对方带来这样一个暗示:你非常友好,乐意并重视发展双方的关系;而如果出手太慢,就会传达出相反的效果,表示握手缺乏诚意、信心不足,无进一步深交的愿望。所以,在同和你身份地位差不多的人握手时,要尽量稍微快一点点,以便给对方一个积极热情的印象。

第六,握手时间要把握好。

见面双方握手,时间要把握得当,一般在3～6秒之内,根据具体情况随机应变。和异性握手的时间要短,一般在1～3秒之内。如果双方之间的关系比较亲密或者对方是一个比较重要的人物,握手的时间可适当延长,还可以使握着的手上下摇摆几下,表示你对他的格外热情和

· 143 ·

尊重。

第七，握手的时候要注意自己的表情。

握手时，应微笑致意，不可目光看别处，或与第三者谈话。握手后，不要当对方的面擦手。为了能给别人一个更加深刻的印象，更恰当地表达你的友好，应该配合自己自然的表情。从而拉近你们之间的距离。

握手的一般程序为：轻轻敲门，进入，东西放在合适处，走到对方面前握手，轻轻把对方拉向自己，晚松手一秒钟。

注意：握手前应对手进行必要的清洁处理。

不要以为握手是一件小事情，其实它所体现出来的东西不容忽视。一个人的修养和习惯，包括对别人的看法都隐藏在这个小小的动作之中，所以，想要给第一次见面的人留下好印象，让自己的待人接物表现得恰到好处，就很有必要通过握手这个小动作，正确地向对方表示友好。

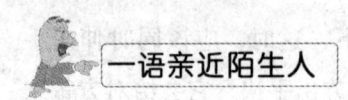

一语亲近陌生人

握手既是一种礼仪方式，也可称之为人类相同的"次语言"。

3. 面对陌生人要注意自己的举止

行为举止被视为人类的一种无声语言，又称第二语言或副语言。人的行为举止，在日常生活里时刻都在表露着人的思想、情感以及对外界的反应，虽然它可能是自觉的，也可能是不自觉的。在日常生活中人的身体呈现出多种姿势，不同的姿势有其不同的作用、不同的表现，反映

· 144 ·

第五章

良好的礼仪，让陌生人对你"一见倾心"

出人的不同心态，同时也会给他人以不同的印象。

有"礼"走遍天下，无"礼"寸步难行，个人礼仪将直接影响一个人的受欢迎度，所以得体的举止是众多礼仪中比较重要的一部分。在某种意义上，人的举止这种无声的语言，绝不亚于口头语言所发挥的作用。

老百姓俗话形容一个人稳重大方常用"站有站相，坐有坐相"的说法，实际上在社交场合，这也正是个人风度的一种表现。

李力是一电器公司的推销员。他去拜访客户时，大声而粗暴的开门习惯影响了客户对他的第一印象。

当对方的接待人员将他带到会客室时，他还在想如何在见到对方时给对方一个好印象。可是接待人员已经将他开门不礼貌的信息传达给了老板。

"老板，客人来了。"

"哦，他还挺准时的，我马上去，我准备准备，他是什么样的人呢？小张，谈谈你的第一印象。"

"老板，不好说。看他衣冠楚楚，时间也准时，可他开门的声音太大了，显得粗暴、不太礼貌。"

"哦……"

老板这样"哦"了一声，可能便决定了会谈的失败，轻者也会影响会谈的效果。这样在未见面之前便让别人对你带着一种看法，给对方一个不好的印象。

可见，外貌是天生的，仪表却是后天的，它或者可以同时理解为魅力、风度。适当的礼仪，不仅在谈话中起着不可忽视的作用，在人与人之间的交往中也是十分重要的。

在日常生活中，我们经常碰到这样的人：他们或是仪表堂堂，或是漂亮异常，然而一举手、一投足，便可现出其粗俗。这种人虽金玉其外，却是败絮其中，只能招致别人的厌恶。所以，在办事过程中，要给对方留下美好而深刻的印象，外在的美固然重要，而高雅的谈吐、优雅的举止等内在涵养的表现，则更为人们所喜爱。这就要求我们应当从举手、投足等日常行为方面有意识地锻炼自己，养成良好的站、坐、行姿态，做到举止端庄、优雅得体、风度翩翩。下面的一些举止是我们日常生活中必须注意的：

（1）打呵欠

当你和初次相识的人在一起谈话的时候，尤其是对方在滔滔不绝地发表意见时。那时你也许感到疲倦了，你能按捺住性子让自己不打呵欠吗？

在社交场合中，打呵欠给人的印象是：你不耐烦了，而不是你的疲倦。

（2）掏耳和挖鼻

有些手痒的人，只要他看见什么可以用，就会随手取一支来掏耳朵，尤其是在餐室，大家正在喝茶、吃东西的时候，掏耳朵的小动作，往往令旁观者感到恶心，这个小动作实在不雅，而且失礼。即使你想"洗耳恭听"，此时此地也不是时候。同样，用手指挖鼻孔也是非常失礼的动作。

（3）剔牙

宴会上，谁也免不了会有剔牙的小动作，既然这小动作不能避免，就得注意剔牙时不要露出牙齿，而且不要把碎屑乱吐一番，最好用左手掩住嘴，头略向侧偏，吐出碎屑时用纸巾接住。

（4）搔头皮

有些头皮屑多的人，在社交的场合也忍耐不住头皮屑刺激的搔痒，而搔起头皮来。搔头皮必然使头皮屑随风纷飞，这不仅难看，而且令旁人大感不快。

搔头皮这种现象在公共场合，尤其在社交场合，和乱放臭屁一样，实在失礼。特别是在宴会上，或者较为严肃、庄重的场合，这种小动作是很难叫人谅解的。

（5）双腿抖动

这种小动作多发生在坐着的时候，站立时较为少见。这种小动作，虽然无伤大雅，但由于双腿颤动不停，令对方视线觉得不舒服，而且也给人情绪不安定的感觉，这也是失礼的。同样，让跷起的腿钟摆似的打秋千也是相当难看的姿态。

（6）放屁

人在正常的生理状态下，不能够不放屁。但是在公共场合，一个响屁足以破坏整个会场的气氛。即使放个闷屁，其臭味也叫人恶心。据一个有经验的人说，在预感到要放屁的瞬间可以来三次深呼吸。要不，就悄悄地离开人群一会儿。

人相处中，本来交谈得挺好，但是很多时候因为你放了个屁，使人掩鼻而走，想一下，这个屁是不是放"大"了，因为它得罪了一颗心。

（8）长指甲和污垢

留长指甲可能是一种癖好，但也有一些人疏于修剪，而且也疏于清理指甲内的污垢，这就近于失礼了。当和对方握手、取烟、用筷，半月形的指甲污垢赫然在目，实在不雅至极！

（9）频频看手表

假如你不是忙人，而且又无其他重要约会，那当你和初次见面的人攀谈时，最好少看自己的手表。这样的小动作会使对方认为你还有什么重要的事情，不会使谈话继续下去；同时，你的小动作可能引起对方的误会，以为你没有耐心再谈下去。

如果你确实有要事在身的话，你不妨婉转地告诉对方改日再谈，并表示歉意。

　　表示礼貌的举止当然不止这些，这里提及的只是其中比较常见的若干种。在社交场合，每一个人都应该有意识地、恰当地运用这些礼貌举止，既不要过于谦卑，也不要过于傲慢；做到举止得当，礼貌周到，才能充分体现出你的教养和风度。这样，就会给人留下一个很好的印象。

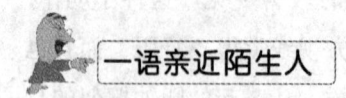

一语亲近陌生人

　　没有优雅的举止，就没有优雅的风度。

4. 语言有礼，才能吸引人

　　言谈举止能直接反映出一个人是博学多识还是孤陋寡闻，是接受过良好的教育还是浅薄粗鲁。一个不善言谈、沉默寡言的人很难引起众人注意，而在社交中能侃侃而谈、用词高雅恰当、言之有物，对问题剖析深刻、反应敏捷、应答自如的人，则会表现出不同凡响的气质和风度。

　　适当的礼节，不仅对于人与人之间的交往是十分重要的，而且在谈话中，它也起着不可忽视的作用。因此，一个有经验的谈话者总是保持着恰如其分的礼节的。

　　那么，如何与初次见面的人交谈呢？不妨参照以下几点：

　　（1）交谈时的目光

　　两个人面对面交谈时，双方宜相互凝视对方的眼睛，以表达自己的专注之情。目光应是自然、柔和、友善的，而不要紧盯着对方，使对方感到不自然。与长辈、领导交谈时，目光应流露出尊敬的神情；与同事、朋友交谈时，应流露出宽容的神情；与爱人交谈时，应充满温情；

与不幸者交谈时，则应表现出同情。

（2）谈话的表情要自然

说话时可适当做些手势。但动作不要过大，更不要手舞足蹈，不要用手指指人。与人谈话时，不宜与对方离得太远，但也不要离得太近，不要拉拉扯扯，拍拍打打。谈话时不要唾沫四溅，语气和气亲切，表达得体。

（3）交谈时的距离

与不同关系的人交谈时，双方应保持不同的交谈距离。如与陌生人交谈时，两人的间距为1.5米左右；与熟人交谈时，相距1米左右；与亲友交谈时，距离0.5米左右，有时还可以更近些，甚至亲密无间地"交头接耳"。交谈时，双方应自觉地保持适当的距离，既不要相距太远，给对方以冷落感；也不要靠得太近，使对方有压抑感。酌情调整距离，以便双方自由自在地交谈。

（4）谈话要群聊

谈话现场超过三人时，应不时地与在场的人都谈几句，不要只与一两个人说话而不理会在场的其他人，也不要与别人只谈两个人知道的事情而冷落第三者。如所谈问题不便让旁人知道，则应另找场合。

（5）谈话动作

与人交谈时，根据需要可以借助一些动作来说明问题，增强感染力。如点头表示赞同，侧身相对表示蔑视等，但手势的幅度不宜过大，切忌对别人指手画脚，以免引起误会。此外，与长辈、上级交谈时，不要把手背在身后或插在口袋里，也不要做一些不必要的小动作，如摆弄衣角、甩头发等。

（6）谈话细节

参加别人谈话要先打招呼，别人在个别谈话时，不要凑前旁听。若有事想与某人说话，应待别人说完。有人与自己主动说话，应乐于与其交谈。第三者参与谈话，应以握手、点头或微笑表示欢迎。发现有人欲与自己谈话,可主动询问、谈话中遇有急事需要处理或要离开,应向谈话对方打招呼,表示歉意。

(7) 话题的选择

所谓话题,就是言谈的中心。话题的选择反映了言谈者品位的高低。选择一个好的话题,使言谈双方有了共同语言,往往就预示着言谈成功了一大半。因此,首先要选择交谈者喜闻乐见的话题,尽量不要涉及疾病、死亡等话题,不谈一些荒诞离奇、耸人听闻或者黄色淫秽的事情。一般不要询问妇女的年龄、婚姻状况。所谓"见了男士不问钱财,见了女士不问年龄"。不要径直询问对方履历、工资收入、家庭财产。对方不愿意回答的问题,不要追问。对方反感的话题应表示歉意,或立即转移话题。此外,不宜谈自己不大熟悉的话题。

(8) 交谈时的仪态

不论言者还是听者,交谈时双方必须保持精神的饱满;表情自然大方,和颜悦色;站立寒暄也好,坐着聊天也罢,两人均应目光温和,正视对方,以示尊重。

(9) 交谈态度

态度诚恳、真诚热情往往可以拉近彼此间的距离,使人感到格外亲切自然,感情也会有所升华。此时,你提出的意见或建议也易被对方接受。反之,如果你以虚情假意、盛气凌人的态度对待他人,出现"话不投机半句多"的局面也不足为怪,这样双方都可能陷入尴尬境地。

(10) 虚心接受意见

在社交场合中,如果有人向你提出某些意见或建议,要虚心接受,即使你对这一问题有精辟、独到的见解,也不能以居高临下、不容置疑的口吻否定别人的看法,这样对方会认为你自高自大、自以为是。反之,用虚心的态度接纳他人的意见或建议,即使对方的看法欠妥,也要用委婉的口气、平和的态度向对方说出自己的见解,并请对方给予指

点。这样，即便双方意见不统一，也不会造成僵局，破坏交谈气氛。

交谈气氛对社交场合来说至关重要，营造一个良好的谈话氛围能缩短彼此之间的距离，增进感情。

一语亲近陌生人

言谈是人际交往的重要手段，若要使之在人际交往中发挥更大的作用，除了做到言辞达意外，还应力求以语言的"礼"吸引他人，以语言的"美"说服他人。

5. 你的形象是无形资产

我们每个人都有一种自然的行为，就是当你初次与陌生人会面的时候，会不自觉地去估量对方，捕捉一些有用的信息，从而判断出对方是何等人物。然而，当我们在搜索这些信息的时候，对方也同样是这样来思考我们。所以，当你与陌生人交往的时候，你的形象十分重要。

社会心理学家在研究"别人遇到你需要多长的时间才能形成对你的性格和能力的印象"中发现，只需短短的 30 秒！（这些印象包括受教育水平、工作能力与成就、个性、成熟程度、可信度、幽默感、社会习俗等。）

30 秒钟的时间不足以让你拿出你的成绩单、出示你的简历，或者表现你的个性。30 秒钟也不可能让你有时间去解释你如何有能力、如何训练有素，以及其他一连串能使对方满意的东西。

但在 30 秒钟的时间里，人们几乎完全凭他们所看到的东西而形成不同的印象，即你的衣着、发型、举止、微笑和其他无法用言语传达的信息所带来的印象。

这些快速形成的印象会持续很长时间，心理学上把这称为"晕轮效应"。如果你给人留下的是好的印象，那么你所遇到的这个人将试图证明你其他方面也是好的。如果你给人的第一印象是不好的，那么你遇到的这个人也许不会花费时间和精力去发掘你的内在潜质。

由此可见，一个人的形象不是小问题，需认真对待。得体的仪表、优雅的举止、礼貌的言谈，是令人在心理上产生美好联想的前提。

而服装作为形象塑造中的第一外表成为众人关注的焦点。在当今激烈竞争的社会中，一个人的形象远比人们想象的更为重要，你的形象就是你自己的未来。一个人的形象应该为自己增辉，当你的形象成为有效的沟通工具时，塑造和维护个人形象就成了一种投资，长期持续下去会带来丰厚的回报，让美的价值积累，让个人消费增值。没有什么比一个人许多内在的东西都没有机会展示，还没领到通行证就被拒之门外的损失更大了。

不管是在公共场所，还是在私人聚会，只要你与人进行交往，尤其是初次见面的人，你的衣着打扮、言谈举止等外在形象就会出现在他人的眼里，并留下深刻印象。可以说，一个人外在形象的好坏，直接关系到他做事的成功与失败。在现实生活中也有很多这样的事例。假如有两件大小一样的礼物让你选择，一件包装别致、精美、有品位，一件随意地用个破旧袋子或盒子裹着，你的手会伸向哪一个呢？当然会毫不犹豫地伸向前一个。再试想一下，你去医院看医生，是乐意接近穿着职业白大褂，端庄典雅，最好还挂着口罩或听诊器的人，还是穿着白大褂，手拿文件的人呢？当然是前者，因为前者的形象更像医生，更值得你信赖。所以，形象对一个人来说至关重要。

那么，如何提高自己的形象呢？你不妨从以下几个方面提高自己的外在形象，以此提升自己在别人心目中的地位：

第五章
良好的礼仪,让陌生人对你"一见倾心"

(1) 解决好形象的"焦点"问题

当你与人初次见面的时候,首先进入人们眼帘的是服饰、仪表,特别是与人初次相识时,由于双方不了解,服饰和仪表在人们心目中占有很大分量。穿衣要得体,这是最基本的要求。只要是适合自己体型,漂亮又有新意的衣服,就应当大胆穿着。服饰的个性,也能让人判断出你的审美观和性格特征;服饰式样过时,人家会认为你刻板守旧,太过超前会让人觉得你轻率固执、我行我素。这两种情况都容易让人得出"此人不好接近"的结论,自然会影响你在他人心目中的初印象。

(2) 让你的言谈举止"提高"形象

言谈举止是一个人精神面貌的体现,要开朗、热情,让人感觉随和亲切,平易近人,容易接触。很多人在与他人初次交往时,总是担心没有出众的言谈来打动对方,吸引别人的注意,以至于造成精神上的紧张,使表情、动作都变得十分僵硬,这都是自尊心太强造成的。因此,应放松心情,保持自己的既有特点,而不要故意矫揉造作。有的人在"亮相"时昂首阔步,气势逼人,跟人谈话时死死盯住对方……这样的表现,不仅会令别人感觉难受,连你自己也会觉得别扭。其实最好的办法是保持你原有的个性和特质。

(3) 充分展示性别美

在与他人初次见面的时候,如果你是男士,一定不要流露出狭隘和嫉妒的心理,不要斤斤计较,更不要睚眦必报。男人的性别美,是一种粗犷的美、内涵的美。真正的男子汉应该有个性,有棱角,有力度,有一种阳刚之气。而女性美普遍被人认可的形象一直是娴静的、温柔的、甜美的。女性容貌清秀,线条柔和,言谈举止中所散发出来的脉脉温情更加强烈动人。交际时,女性如能巧妙地利用自己的性别特点,表现得谦恭仁爱,热情温柔,一般总能激起男性的爱怜感和保护欲。女性自然的柔和所产生的社交力量,有时比"刚强"的力量要大得多。

总之，在与陌生人初次见面的时候，你给陌生人的第一印象非常重要。只有在对方认同你和接受你的时候，你才能顺利地进入对方的世界，很好地与对方交好，从而减少与陌生人之间的生疏感，而这一切的获得在很大程度上与你展示在陌生人面前的个人形象有很大的关系。

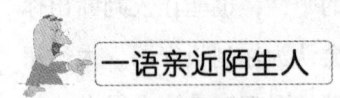

一语亲近陌生人

一个人的形象是非常重要的，别人对你或者你对别人都是这样。所以，只要抓住人人都注重先入为主的这个特点，从一开始就树立良好的形象这一策略入手，保证在与他人交往的过程中事半功倍。

6. 注重细节，锦上添花

当你与陌生人见面的时候一定要注重细节问题，虽然与陌生人见面的最初阶段仅仅是打招呼而已，但一定要切记，在人的内心深处，有思想和感情两个方面。由陌生到认识再到熟悉。如果连最简单的如"您好"、"再见"等日常的招呼也不会的人，怎么能够与陌生人很好地交流呢？人生活在社会上，还得受社会环境的制约和诱导，不可能不与周围的人接触，你不拘小节，难道你周围一般交往的人也不拘小节吗？

在交往时，言行举止往往与人的内心世界联系在一起，因此，对于个人的言行举止，也必须注意。因为这些言行可能会影响对方对你的印象，从而在一定程度上影响交往的成败。尤其应该注意的是，尽量不要招致对方的不愉快，这种损人利己的事情，一定要严加禁止，而应"严于律己，宽以待人"。我们总要时时反省、检视自己的举止言行，虽然只是一些小节，平时稍加注意才会让对方对你有好感。

第五章
良好的礼仪，让陌生人对你"一见倾心"

有的人交谈过久就习惯使用口头禅，甚至时常讲"不可以"、"不行"这一类否定词语，这种人给人的印象多半不是很好。此外还有一种人服装不整、不注意卫生，给人不洁之感，或常做些不雅的动作，以及态度冷漠、公私不分等，都必须好好注意，加以改善。"入乡随俗"是一句大家都很熟悉的谚语，每个人的举止言行都是环境的产物，但人是能动可变的。要改造环境，首先必须适应环境。这点任何人都需要注意。

与初次交往的人见面时，只要你静静地观察别人，你会发现，下面讲到的几点，就是交际中大部分人公认的恶劣态度。不知你自己是否注意到了这些细节？

就仪表而言，应注意的细节主要有：

（1）眼睛

眼屎给人的印象很不雅，应及时将其清除。如果觉得自己的眉毛不雅观，可以进行必要的修饰，但不要剃去所有的眉毛。另外，戴眼镜不仅要美观、舒适，而且还应随时对其进行清洗，保持镜面干净。

（2）耳朵

耳垢虽然不易看到，但不要忘记对其清除，在洗澡、洗脸时，不要忘了顺便清洗一下耳朵。必要时，还须清除耳孔之中不洁的分泌物，但不要在他人面前这么做。有些人，特别是上了年纪的人，耳毛长得较快，甚至还会长出耳孔之外。因此在必要之时，应对其进行修剪。

（3）鼻子

在人际交往中，偶尔有一两根鼻毛露出，是很会破坏他人对自己的印象的，因此，应当注意经常检查和修剪鼻毛，但当众拔鼻毛是很不雅的行为。除此之外，还应保持鼻腔清洁，不要让异物堵塞鼻孔，或是让鼻涕任意流淌。不要随处吸鼻子，更不要在他人面前挖鼻孔。

（4）嘴及其他部位

修饰上的基本要求就是要牙齿洁白，口腔无味。要做到这一点，就要坚持每天饭后漱口，以除去异物、异味。还要经常采用爽口液、牙签、洗牙等方式方法保护牙齿。在重要应酬之前应忌食葱、蒜、臭豆腐之类气味刺鼻的东西。在交际场合，男士应经常注意定时剃须，使自己容光焕发，充满活力。女士若因内分泌失调而长出类似胡须的汗毛，则应及时治疗，并予以清除。

此外，就动作而言，应注意的细节，主要有：

坐要有坐相，不要随便左右晃动，如果是女士的话两腿要并拢；站立时膝盖要伸直，腰板要直，不要抖腿，不要蹶臀部；不要抓头搔耳。两手应自然垂放在两侧，或是轻放在前面；不要玩弄或吮吸手指，尽量不要跷脚；表情温和，有亲切的眼神和饱满的精神。

有的人说话时喜欢将手插在口袋里，有时还坐在桌子上，这都不是好习惯，而是过于散漫、过于随便的说话习惯。在交谈时，将手插在口袋里，不仅很难令对方接受，而且容易让人产生不良的印象，尤其是在多数听众面前，这种姿态会使周围的人觉得这位发言者只沉迷于自己的世界之中，而将他人看做较自己低下，且表现欲望非常强，使人感觉到别人不可超越他。不管你有没有这种傲慢的想法，但这种姿势，很容易让人误以为你就是这样一种人。

以上所举的细节，应该随时注意，应避免这些不良态度在与人交往中表现出来。

细节是人的一种天性、本质、修养的自觉流露，这些方面往往将人的某些侧面更真实地反映出来，所以，与陌生人交谈一定不可忽视细节问题。

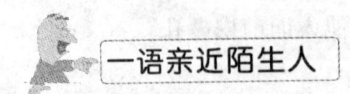

一语亲近陌生人

生活当中一定要细心，一点一滴里就决定了你的人生。

7. 不可忽视仪容仪表

当你在与别人初次交往的时候，你的仪容不仅会引起交往对象的特别关注，还会影响到交往对象对自己的整体评价。因此，我们必须时刻不忘对自己的仪容进行必要的修饰和整理。这既是对他人的尊重，也是对自己的尊重。

"内正其心，外正其容"。个人礼仪的首要要求就是仪容美，它是仪表问题的重中之重。

（1）化妆

平常化妆应注意：第一，眼影的颜色越少越好，尽量避免用鲜艳色系大片涂抹，除非只是很小部分的点缀，否则会因过于艳丽显得俗气。在流行金、银色系时，切记白天上班时请勿使用，否则会显得太华丽而不适宜办公场所。第二，睫毛膏一定要使用防水性强的，否则没过多久就很容易造成熊猫眼。第三，要养成随时补妆的习惯，尤其是夏天，因脸部出油，容易造成脱妆。口红在用过餐、喝过饮料后，都应前往化妆室再度涂抹。补完妆后，请顺便检查一下口红是否沾到牙齿上。

（2）保持发型的清爽、美观

头发是构成仪容的重要内容。美观的发型能给人一种整洁、庄重的感觉。根据自身的条件修饰头发，选择合适的发型，可以扬长避短，增加人体的整体美。

保持头发的整洁是首要的问题，所以应当自觉地做好日常护理。弄得自己蓬头垢面，满头油味，发屑随处可见，是很损坏个人形象的，因此不论有无交际活动，平日里都要对自己的头发勤于梳洗。

头发从礼仪角度和审美角度看，它仍受到若干因素的制约，不可以一味地只讲自由与个性，而不讲规范。职业对头发的长度影响很大。商界对头发的长度大都有明确限制：女士头发不宜长过肩部，必要时应以盘发、束发作为变通；男士不宜留鬓角，发尾最好不要触及衬衫领口。

(3) 保持面部的清洁干净

脸部要做到整洁干净，就要注意细节的修饰和长年累月的坚持不懈。若一个人脸上常有灰尘、污垢，难免会让人感觉又脏又懒。因此，除了早晚洗脸之外，只要有必要，就应随时随地抽出时间洗脸净面。

(4) 配饰

像耳环、项链、胸针、扣子等配饰，如果因为款式、材质或色彩与整体穿着不是很适合搭配在一起时，宁可不要佩戴，以免适得其反。不配戴也许有点空洞的感觉，但至少还显得简单利落。但如果因为不懂而搭配错误，反而很容易落入"俗"的圈套。所以选择上班的配饰，尽量以型款简单、色泽淡雅为主，如细小的珠链、典雅的胸针等，但白天尽量不要有太多的钻饰。耳环，一般上班族应尽量以贴耳的耳环为主，因垂坠的耳环在谈正事时会晃动，尤其在与人商业谈判时，容易让人注意力不集中。指甲油择品质优良者，否则很容易损坏指甲本身。指甲油颜色的选择，夏天宜以淡雅为主，冬天可以鲜艳些。上班族涂的颜色绝对要淡雅，甚或涂点透明色，这将对你在工作角色的联想上较为有利。

(5) 鞋子

不知你是否发觉，有些人打扮得光鲜亮丽，却往往因鞋子的款式、色彩不对，或是穿了一双有点脏或破旧的鞋子而破坏了整体感觉。因此，绝对不要忽略了鞋子！只需多花两分钟打理一下鞋子，并且思考一下它的款型、色彩与衣着是否协调，好让它发挥"画龙点睛"的效果。

(6) 皮包

皮包与服装的搭配，许多人会以为只要颜色对了就可以了。事实上，皮包的大小、款式与衣服的整体感觉也应该搭配合适才更显品位。

一般上班族的套装宜与简单大方、大小适中的皮包搭配，而不适合搭配休闲型的包包。

（7）香水

虽然大多数亚洲女人没有很重的体味，但对女人而言，抹点香水在现今几乎与化妆同等重要了。白天应尽量以清香淡雅为主，晚上则视场合及对象的情况再决定香味浓淡。

总之，无论一个的外貌是美还是丑，当你与陌生人接触时，绝不可以不注意仪表仪容。仪表仪容体现在扮靓上就是注重穿着，星星耳坠、皮外套的毛饰边、裤角的流苏，都像极品香水一样，能把一个人悠然的品位不经意地展现出来。与他人初次接触，注意自己仪表仪容的人才是最有品位的人，才是最尊重他人的人。

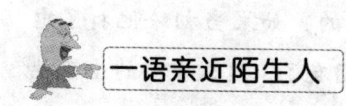

一语亲近陌生人

在人际交往中，每个人的仪容都会引起交往对象的特别关注。并将影响到对方对自己的整体评价。

8. 用结束语续写友谊

与新认识的朋友交谈的时候，应该自始至终都保持热烈友好的气氛，然而，有些人往往忽略这一点，顾头不顾尾，结果给对方留下坏印象，影响第二次沟通；相反，如果你能礼貌地结束谈话，对方给你打的印象分会很高。

所以，当交谈必须在某一时刻结束时，你一定要注意结束的方式，不能以唐突、粗暴的语气结束谈话，那么无论你们之前的谈话多么成功,都会功亏一篑。

　　李静在一次聚会上认识了汪峰,二人相谈甚欢,并互留了电话,约定有时间一起吃饭。

　　但是,聚会结束之后的一段时间里,李静都没有接到来自汪峰的电话。李静有心邀请他一起吃饭,但又觉得自己是个女孩子,主动打电话给对方有些难为情,于是就放弃了这个想法。一段时间以后,这个人也就被李静渐渐淡忘了。

　　时隔一年之后,已经成为公司业务经理的李静在一次商务洽谈会上再次遇见了汪峰,他此时正是对方的代表。开始,李静觉得对方很眼熟,思来想去终于记起他是谁了,但对方对李静却一点印象也没有了。

　　最后,由于两边意见谈不拢,生意没有做成。回到公司的李静懊悔不已。心想,当年自己与汪峰也算是很投缘的,如果当初给他打了电话、约他出来吃饭,那说不定现在已经是好朋友了,这么重要的生意就不会谈不拢了。

　　的确,在一次谈话结束后,续写友谊的篇章是很重要的。为了不让友谊随着谈话的终止而结束,那么你就要选择结束谈话的最佳时机。

　　第一点,总结对方和你本人的看法,强调共同点。这种做法是很有必要的。这样做时一定要注意保持客观,不带偏见,以对方能接受的方式总结。换言之,以尽可能有利的方式描述对方的看法。

　　第二点,我们可以采取的最为委婉的方式就是:你可以说"您好,这是我的名片,欢迎您随时打电话过来"、"您的电话和地址我都有了,在我需要的时候,我会打电话给您"、"现在正好是下午五点,要不要留下来一起吃饭"。

　　第三点,可向对方提出一些积极的希望。如:"我知道您会尽可能把事情办成功的。"

第五章
良好的礼仪，让陌生人对你"一见倾心"

第四点，如果你想同对方结束谈话，你就要留心对方的暗示，一旦发现对方利用"身体语言"做出暗示，便趁势提议结束谈话，如"您还有别的事情吧，那我们以后再谈吧"。

第五点，有些情况下，如果对方需要时间来思考你的话，需要过一段时间继续聊这件事，那么，你就需要说一些能继续进行下一次谈话的结束语，使关于这件事情的相关问题以后能继续进行。如："如果你愿意，我们可以再约个时间进一步讨论这个问题。"

第六点，如果是你自己想结束谈话，又不好意思直接用语言结束谈话，也可以用肢体语言来暗示对方。比如时不时地看下手表，并做出有急事的样子，也可以做出疲倦的样子，这样，和你说话的朋友知道你有事情要做，一定会知趣地离开。

第七点，如果对方没有看到你的暗示或者没有理解你的意思。那么，你最好采用礼貌的语言来结束谈话。比如你可以用"占用您的时间太多了"、"影响您的休息了"等话语来作为结束谈话的理由，以表示对对方的尊重。你也可以邀请再次见面："非常高兴认识您这个朋友，与您聊天是一件令人高兴的事情……"

第八点，如果你与对方谈的是一笔交易，那么，你的结束语将更加重要，一次好的结束可以巩固你的交易。据统计，一个冠军销售员的销售量50%来自于处理客户反对意见的谈话结束法，40%来自于克服拖延的能力，10%来自于你坦率说"不"的能力。

所以，在与交易对象结束谈话的时候，你可以说"我们可以保证在××时间交货，如果您觉得没问题，在这里签个字就可以了"，也可以说"我确认一下，这是您要的产品，您验收一下，明天送货"，或者说"恭喜您做了明智的抉择，您选择了一件非常好的产品"，或者说"谢谢您，希望您能了解我内心的感激，我会尽全力提供给您最佳的服务，来证明您的抉择是明智的"，再或者说"对不起，时间不早了，我还有个客户等着用这个产品,我得马上走,**谢谢**"。

谈话结束,不是只道一声"再见"就完事走人了,临别前要给人留下良好的印象,要得体而不失礼,给对方留下好印象,为续写下一段的友谊打下基础。

一语亲近陌生人

我们常说要善始善终,以谈话建立起来的友谊也是一样,成功地结束才能为一次谈话画上圆满的句号,为你们以后的交往打下稳固的基础。

9. 问候能迅速拉近双方的距离

两人在见面的时候,问候是社会交往的一种手段,是沟通彼此之间感情、创造和谐气氛的一种方式。陌生人相见时,几句得体的问候语有助于彼此之间的了解。在问候中要体现出坦率、真挚、热情,但不恭维、虚伪和冷淡。说话时要委婉、恰到好处,言语不宜过多。好的问候语则能够把两个陌生人之间的距离拉得很近。这种热情能融化冰川,让人感受到你的温暖,让他人对你产生"似曾相识"的感觉。

有一次,一位心理学家应邀到一处少年教养院,为服刑的青少年辅导。当他面对年纪轻轻的罪犯时,一时间不知道该怎样称呼对方。

如果称对方为犯人,必然会让对方产生反抗心理,对辅导教育反而是不利的;称先生,显然也不合适,最后他用了"误触国家法律的年轻朋友"这一个特别的称呼。

谁知,那些少年犯听到这一称呼时都专注地凝视着他,有的还激动得哭了。可以说这次辅导十分成功。

第五章
良好的礼仪,让陌生人对你"一见倾心"

一句问候语往往包含了三种含义:我把尊重送给你、我把亲切感送给你、我十分珍惜我们之间的友谊。而当我们把这三样礼物,通过一句问候语送给对方的同时,也表现出自己的热情、开朗、风度以及涵养。

西方有位文学家说:"只要热情犹在,哪怕青春消逝。"所以西方人见面时总是满面笑容地问候彼此"你好吗?""早啊!"此类的话。而类似的问候语,能够使我们和他人之间产生和谐、友善、热情和尊重的气氛,就像"请"、"谢谢"、"对不起"一样,都能显示语言调适心灵的乐趣,显示我们对他人的尊重、与人为善的功能,所以我们千万不能忽略它们的作用。

初次见面,由于是陌生人,一句真诚的问候,会让对方感到亲切,消除对方的陌生感。

王刚的家在外地,他经常坐火车回家探亲。一坐就是十几个小时,他经常主动同周围的人打招呼,"您好,也是回家探亲吗?"或者说:"您好,能不能把您的报纸借我看一下。"于是原本陌生的人聊了起来。王刚说,每次坐车他都能认识几个朋友,分手时互相留下电话,像老朋友一样亲切,长时间的旅途非常愉快。

初次见面一般习惯于用"您好"、"你好"、"久仰"等来问候他人,可也有一些本来不是单纯的问候用语,却可以在问候中巧妙地使用,这些言语包括:

①谢罪的语言:对不起、实在抱歉、劳驾、过意不去、不大合适、失礼、请原谅;

②慰问的语言:辛苦了、受累了、麻烦了;

③同情的语言:太忙了、不得了啦;

④拜托的语言:承蒙关照、拜托、劳驾、麻烦;

⑤致谢的语言:多谢、感谢、破费、费心、拜谢;

· 163 ·

⑥挂念的语言：身体好吗、照顾好自己、希望你一切都好；

⑦赞赏的语言：太好了、太棒了、非常优秀；

⑧询问的语言：贵姓、尊姓大名、贵庚、芳龄几何；

⑨尊称与谦称：阁下、仁兄、贤弟、令尊、令堂、家父、犬子。

上面的这些言语虽然也有单独使用的，但如果同日常问候用语结合起来使用，可以得到更好的效果，使对方迅速做出预期的反应，这些问候语，要不断地使用直到很熟练，遇到陌生人才能及时使用相关恰当的问候语。

自我保护意识是人与生俱来的天性，尤其在陌生的环境里，人人都习惯板起一副面孔，保护自己内心脆弱的一面，以免受到外界的侵害。结果陌生的环境还是陌生的环境，而你的担心依然存在着。

面对陌生人，如果我们能够放下那种冷冷的面孔，不再绷紧自己的神经，用诧异的眼神凝望对方，学会在陌生的环境中问候他人，保持一种放松的心理，相信即使只是一个擦肩而过的过客，也会对你投以微笑。

所以说，面对陌生人，你懂得问候，那么，你就学会了在陌生人之间架设起一座知心的桥梁，握住了开启陌生人心扉的钥匙。

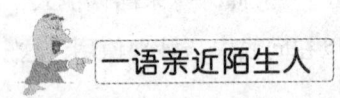

一语亲近陌生人

问候是一种接纳，它能缩短彼此之间的距离，使人愿意和你接近。

第六章

运用心理战术,让陌生人亲近你

同样的一句话,不同的人说出来,会产生不同的效果;同样一件事情,不同的人做出来,结果也会大相径庭。从心理学的角度剖析与陌生人交往的真实内涵,洞悉陌生人的真实心理,掌握与陌生人交往的基本方法和技巧,构建与陌生人交往的策略,运用不露痕迹的心理战术,让陌生人对你一见如故,从而有效地与陌生人建立友谊。

1. 与陌生人交往的心理法则

不知你有没有意识到，今天，我们的生活、工作、娱乐乃至所有的一切，都受到从未谋面的陌生人的影响甚至支配：我们吃下陌生人加工的食品，为身体提供能量；我们在互联网上冲浪，搜索着陌生人传播的信息。我们身处的世界，正越来越从传统熟人社会走向"陌生人社会"，家庭的小型化、信息时代的到来，使得社会交往日渐扩大，让我们的生活和"陌生人"产生着千丝万缕的联系。

现代社会中，离不开人际交往。如果缺乏足够的人际关系，不但不利于自己的事业发展，也会因此让你产生孤立无援或被社会抛弃的感受。

人际关系除了亲缘关系以外，更多的是朋友关系，分工合作关系，竞争、压制或相互支持的关系。一个人的健康成长，都离不开这些关系。

人际交往是心理的较量，"陌生"这个词本身就是人际心理的距离。如何将陌生人转化成自己的朋友、客户和生意上的伙伴？要达成这个目标必然需要掌握人际交往的心理规则。心理在人际交往中的影响力无处不在，但很多人却并不了解心理的规则。要想建立良好的人际关系，需要掌握以下常用的人际交往原则：

（1）真诚的原则

对于不十分熟悉的人或新朋友，你必须简明扼要地向他点明是你主动放弃虚伪，开诚布公地向他敞开自己。这样你就能有效地震慑住对方可能的膨胀私欲，放弃其伺机侵害的恶念。

（2）相互包容的原则

包容是一种包涵、宽容的心理，即在人际交往中用容纳、包涵、宽容及忍让的态度对待他人。这需要心胸开阔，宽以待人。要能够体谅他人，遇事能够多为别人着想，即使别人犯了错误，或者冒犯了自己，也不要斤斤计较，避免因小失大。

(3) 宽容的原则

有些人对陌生者有一种抵触心理，或者一见到陌生人就说错话，让场面变得很尴尬。还有些人，他们往往只看到别人的表面，就轻率地按自己的主观想象对别人下结论，从而得出"我不喜欢这个人"。事实上，别人并没有自己想象得那样威严或者糟糕。

所以，在与陌生人初步交往时，你要用宽容互补的心理去接受他，对他产生兴趣，并发现他的兴趣、思想和爱好。同时要修正自己的观点，利用技巧去弥补因为陌生而可能遇到的尴尬局面，这样，你才能得到更多的朋友。

(4) 问题原则

在初次交往中，各自都有一定的意图，那就可以依据你的意图，提问求答，你想了解什么就可以问什么。但在这样做的时候要注意两点：一是不要形成一连串的盘问；二是不要探听对方的隐私。最好的做法是你想了解对方的什么情况，你就先谈自己的什么情况，扩大自己的开放区域，来促使对方扩大开放区域，这样就容易找到许多可谈的话题。如果你想了解对方的业余生活，可以问对方：平时有什么兴趣爱好？业余时间喜欢做点什么？但是很可能对方只说了"喜欢旅游，听听音乐"这么一句话，就不再说了。那你就谈谈自己的业余爱好，谈得具体、详细一些，这样就会引发对方的谈兴，使交谈趣味相投。

(5) 震撼力原则

特别是涉及对方切身利益等问题的话，一出口必定能给对方重重一击，震撼对方的心灵，促其权衡利弊，做出正确的选择，产生豁然开朗的效果，最终取其利而从之。

此外，你也必须加强自身修养。一个人的衣着、服饰可以模仿，唯气质难以模仿。因为它是从一个人的灵魂深处诱发出来的东西，是内在品质的反映。正所谓邪不压正，当你的凛然正气，能够放射出足够光芒的时候，邪恶，它就不得不望而却步了！你，则自然地获得一张护身符。

(6) 双重互利原则

建立良好的人际关系离不开互助互利的原则，这种原则表现为人际关系的相互依存性，通过对物质、能量、精神、感情的交换使双方的需要得到满足。这包括两个层次的内容，第一层是纯感情层面上的人际交往，比如亲情、友情、爱情；另外一个层次是带有功利性的人际交往，也就是为某种功利目的的实现。

在与陌生人接触的过程中，一不小心就会出"洋相"或者触犯对方的禁区。然而，相信每个人都不希望出现不愉快的情形，运用智慧与应变能力，就能化解尴尬于无形。这是一种艺术，一种和斗牛相似的艺术。相信每个交际高手都能够像斗牛勇士一样，挥洒自如地应付、闪避尴尬。这就是与陌生人交往的心理法则，掌握好了这些，相信你一定能够将陌生人转化为自己的好朋友。

一语亲近陌生人

从心理学的角度剖析人际交往的真实内涵，以期能帮助不擅长与陌生人打交道的人们突破心理压力，洞悉陌生人的真实心理，从而有效地与陌生人建立友谊。

第六章
运用心理战术,让陌生人亲近你

2. 人最难忘的是第一印象

第一印象往往是交往的基石。能给人留下好的第一印象,你就成功了一半!

大家也许会有这样的感慨:有的人第一次见面,虽然没有什么不良表现,可感觉就是不好,不想和他多说话,更不想和他继续交往下去;而有的人则是一见如故,不仅聊得很开心,甚至还把对方当做值得信任的人。这其实就是人们常说的第一印象在实际生活中所起的作用。

美国心理学家洛钦斯设计了四篇不同的短文,分别描写一位名叫杰姆的人。第一篇文章整篇都把杰姆描述成一个开朗而友好的人;第二篇文章前半段把杰姆描述得开朗友好,后半段则描述得孤僻而不友好;第三篇与第二篇相反,前半段说杰姆孤僻不友好,后半段却说他开朗友好;第四篇文章全篇将杰姆描述得孤僻而不友好。洛钦斯请四个组的测试者分别读这四篇文章,然后在一个量表上评估杰姆的为人到底友好不友好。结果表明,篇幅的前后的描述是至关重要的,开朗友好在先,评估为友好者为78%,在后,则降至18%,首因效应极为明显。

可见,良好的形象会带给别人一个良好的印象,尤其是第一次见面。第一印象只有一次机会,没有第二次,所以每个人都要研究你将会给人什么样的印象、给人什么样的感受。你希望别人第一眼看到你以后有什么感觉?你希望别人在跟其他人在一起的时候,会如何谈到你?把这些仔细规划好之后,你才能留给别人一个良好的第一印象。

第一印象主要是根据对方的表情、姿态、身体、仪表和服装等形成的印象。在我们真正了解一个人之前,早在第一眼看到他时,就形成了对他的初步印象,即所谓先入为主。比如学校里对新来的老师、新来的插班生，单位里对新来的上司、新来的同事，介绍恋爱对象的第一次见面等，第一印象都会发生作用，双方都会给对方留下深刻的印象，同时双方也都会力图使对方对自己有较好的印象，以作为今后交往的起点和根据。第一印象并非总是正确的，但却是最鲜明、最牢固的，并且决定着以后双方交往的过程。所以，一个善于交际的人是会非常重视自己给别人的第一印象。

一位先生登报招聘一名办公室勤杂工。约有50人前来应聘，但这位先生只挑中了一个男孩。

"我想知道，你为何喜欢那个男孩？"他的一位朋友说，"他既没带一封介绍信，也没有任何人推荐。"

"你错了，"这位先生说，"他带来许多介绍信。他在门口蹭掉了脚下带来的土，进门后随手关上了门，说明他做事小心仔细；当他看到那位残疾老人时，就立即起身让座，表明他心地善良，体贴别人；进了办公室他先脱去帽子，回答我的提问时干脆果断，证明他既懂礼貌又有教养；其他人都从我故意放在地板上的那本书上迈过去，而这个男孩却俯身拾起它并放回桌子上；他衣着整洁，头发梳得整整齐齐，指甲修得干干净净。难道你不认为这些就是最好的介绍信吗？"

那位男孩通过自己的一言一行，打动了主考官，成功地用"第一印象"推销了自己。

幸运其实并不神秘，也并不是"可遇不可求"的，打造出完美的第一印象，你也许就是下一个幸运的人。

每个人都必须建立自己的形象。你希望给别人什么样的感觉，现在就应该设计出来。假如你现在无法设计出来的话，那么你以后在外面与人交往的时候也许会遇到麻烦，你在工作的时候也许会失败，你在重大的场合也许无法建立你应有的自信感。只有给人留下良好的第一印象，

第六章
运用心理战术,让陌生人亲近你

你才有机会迈出第二步。

那么应该如何展示自己的第一印象呢？

（1）留意自己的穿着

留意自己的穿着，并不是让你穿上最流行、最时髦的衣服，而是希望你穿得干净、整齐，至于衣服的新旧和价格的高低，都不是主要问题。

（2）展现自己的风度

与衣着紧密相关的是人的风度。如果说衣着是一个人审美能力的反映，那么风度则是一个人性格和气质的反映。与心灵相对而言，风度是人的一种形式；也是感受形式美的眼睛所最先接触的。因此，从风度的好坏，不仅可以看到一个人的文化程度，而且也可以部分地看到一个人的内心思想。我们主张人是需要有美的风度的，人的言谈举止、待人接物都应当表现出文明的美的风度。如果举止轻浮，言谈粗鄙，待人接物玩世不恭，甚至粗暴狂躁，那就不是文明礼貌的表现。

人的风度的多样性，是为人的性格、气质的多样性所决定的。但是，无论性格、气质的多样性也好，还是风度的多样性也好，都应当体现出人的美的本质。而只有美的心灵、性格和气质，才能有美的风度。

（3）提高自己的修养

我们强调"第一印象"在取悦中的重要作用，也反映了人的个性品质，归根结底，它是个人修养的体现。一个人如果没有良好的修养，即使主观上想给别人留下一个好印象，也往往是东施效颦，装模作样，更加会令人生厌。

所以，第一印象是否良好决定着一个人的社交前途是否顺利。这种现象在心理学上被称为"首因效应"，是指人们首次认知客体后在脑海里留下的"第一印象"。

一语亲近陌生人

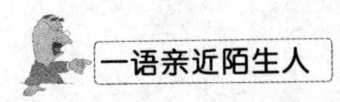

无论是交友还是办事,第一印象是至关重要的,良好的第一印象能助你加深对他人的了解,赢得更多的交往机会。

3. 把握好与陌生人的距离

一位心理学家做过这样一个实验。在一个刚刚开门的大阅览室里,当里面只有一位读者时,心理学家就进去拿椅子坐在他或她的旁边。试验进行了整整80个人次。结果证明,在一个只有两位读者的空旷的阅览室里,没有一个被试者能够忍受一个陌生人紧挨自己坐下。在心理学家坐在他们身边后,被试验者不知道这是在做实验,更多的人很快就默默地远离到别处坐下,有人则干脆明确表示:"你想干什么?"

这个实验说明了人与人之间需要保持一定的空间距离。任何一个人,都需要在周围有一个自己把握的自我空间,它就像一个无形的"气泡"一样为自己"割据"了一定的"领域"。而当这个自我空间被人触犯就会感到不舒服、不安全,甚至恼怒起来。

所以,在与陌生人接触的时候,我们应当谨遵这样一个原则:既要亲近陌生人,又要和其保持距离。这话似乎有些矛盾。既然要亲近,那为何还要保持距离?这样不就彼此疏远、缺乏诚意了吗?

亲近陌生人是不容置疑的,但俗话说得好:过犹不及。如果与陌生人过分亲近,也不一定是好事。这不仅会大大降低工作效率,也会因为离得太近,使陌生人失去对我们的尊重。

亲近陌生人的目的,是让他们尊重我们,服从我们,而不是与他们建立亲密无间的关系。否则,陌生人自认为与我们亲密无间,地位平

第六章
运用心理战术,让陌生人亲近你

等,便不会乐于服从我们的指挥。亲近对于陌生人的含义不同于其他人,这一点我们必须好好把握。

与陌生人在工作中靠得太近,还会有其他的危险:你个人的威信可能大打折扣。一旦越过这一界限,会给陌生人造成这样一种印象,就是当你做出一个艰难的决定时,他们以为你会站在他们一边。如果你的决定与他们期望的相反,他们就会以为你背叛了他们。

保持距离能使双方产生一种"礼",有了这种"礼",就会相互尊重,避免碰撞而产生矛盾。但运用这一技巧时,一定要注意"适当",也就是一个"度"。如果距离过大,就达不到亲近对方的效果,会使双方疏远。

那么原因出在什么地方呢?其实就是人们忽略了一个"度"的问题。人们常说:"距离产生美"。距离,是一种物理现象,更是一种人际学问,它是人与人之间在交往的过程中必须面对的问题。它不只是物理问题,更是心理的、社会的、影响人与人之间互动的非常深远的问题。

有一种豪猪,大概由于它的外形似猪,满身长着如箭头一样的刺的缘故,所以又名刺猪。这种猪会在寒冷的冬天挤在一起取暖。但是,它们的刺毛开始互相击刺,于是不得不分散开。可是寒冷又把它们驱赶在一起,但是,刺毛再一次让它们分开。终于,有了前几次的教训,它们开始小心翼翼地接近,最后,它们找到了一个合适的距离——既能感觉到对方的温暖,又刚好刺不着对方。就这样,它们平安地度过了那个极度寒冷的冬天。

初次见面朋友之间的相处其实就像故事中的豪猪一样,一定要找到适合自己的安全距离,避免矛盾的发生。

心理学研究表明,人对人恰如其分而正确的理解无需经过长期的、过分亲密的熟悉。在时间长短、密切程度和恰如其分的认识等参数之间，最有可能存在着曲线关系。更准确地使人们彼此相互理解，必须有某种最适合的时间和适度的密切程度。这两者是相互依存的。如有一方面不合适，就会限制有关的必要信息。

距离是心境与和谐的映像，现实生活中，我们看得真切时，不感觉朦胧，拉开点距离，又不至于疏远、淡忘——这样的距离就是最美的。

美国人类学家埃特瓦特·霍尔对距离产生美做了研究，得出以下结论：

①密切距离，接近型（0.15米）：为了爱抚、格斗、安慰、保护而保持的距离。

②密切距离，较近型（0.15~0.45米）：伸手可触的距离，是关系比较密切的同伴之间的距离；也是在拥挤的电车中人与人之间不即不离的距离。

③个体距离，接近型（0.45~0.75米）：能够拥抱或抓住对方的距离。对于对方的表情一目了然。夫妻处于这种位置是自然的。

④个体距离，稍近型（0.75~1.20米）：这是双方同时伸手才能触及的距离，这是对人有所要求时应有的一种距离。

⑤社会距离，接近型（1.20~2.10米）：这是超越身体能接触的界限，是办事时同事之间所处的一种距离。保持这种距离，使人具有一种高雅、庄严的气质。

⑥社会距离，远离型（2.10~3.60米）：这是为便于工作保持的距离，工作时既可以不受他人影响，又不给别人增添麻烦。

⑦公众距离，接近型（3.60~7.50米）：如果保持4米左右的距离，说明说话人与听话人之间有许多问题或思想待解决与交流。

⑧公众距离，远离型（7.50米以上）：这是讲演时采用的一种距离，彼此互不相扰。如能将以上8种距离铭记在心，就能准确、顺利地

第六章
运用心理战术,让陌生人亲近你

判断出你与对方所处的关系与密切程度。

所以,当你与初次见面的朋友在一起时,应彼此保留一块心理空间。在和他们进行交流时,应当保持一定距离,不要过多地谈论到对方的私生活,更不应该涉入到对方的私生活,否则会给初次见面的朋友带来无形的压力。反过来讲,自己也不要在对方面前把自己变得太过透明,不要失去了自己的独立空间。与初次见面的人保持好这样的距离才能增加彼此之间的吸引力。

一语亲近陌生人

人和人之间是应该有点距离的,新朋友之间更是如此。刚刚建立起来的友谊,如果太过亲密,不仅会使自己的缺点暴露无疑,而且还会给彼此带来伤害。

4. 像磁铁一样的亲和力

亲和力是一种难得的魅力,它能唤起人们的爱心,并能使人愿意与你交往,亲和力在人的情感上是使情感归依的起因,同时也是激发人际交往的动力,它对平衡人类心理和克服势单力薄的不足,起着非常好的调节作用。它可以在无形之中缩短彼此之间的差距,进行平等的沟通。

进一步来说,人们在人际交往中往往存在一种倾向,即对于自己较为亲近的对象,会更加乐于接近。这里的"较为亲近的对象",往往是指那些与自己存在某些共同之处的人。这种共同之处,可以是血缘、姻缘、地缘、学缘或者业缘关系,可以是志向、兴趣、爱好、利益,也可以是彼此共处于同一团体或同一组织。我们通常把这些较为亲近的对象称为"自己人"。

毋庸置疑，在其他条件相当的情况下，人们对自己人的心理定势往往是肯定的，自己人之间的交往效果也就更为明显。因此，在交往中，交往双方都应当努力创造条件，形成双方的共同点，从而使彼此都处于自己人的情境之中。

历史上有这样一个故事：有一年闹蝗灾，为了消除蝗灾，保护老百姓的庄稼，唐太宗举行了盛大的祭天仪式，当众把一只蝗虫吞下，并很动情地说："上天啊！让虫子吃我的心肝吧，不要吃老百姓的庄稼了。"老百姓一听，"啊！皇上是我们自己人！"全国老百姓都被这件事感动得热泪盈眶。在人民丰收欢庆时，唐太宗又到一个农家，尝一口农家饭，表示与民同乐，这同样让百姓感到皇上与百姓心连心。

社会心理学家纽卡姆在1961年曾通过一项实验表明，彼此之间态度和价值观越是相似的人，相互之间的吸引力就越大。这种共同之处，就如同一种舒服的黏合剂，会在交往的双方之间生发出认同和好感，自然而然地，在彼此的交往中就会营造出"话儿好说，事儿好办"的良好人际沟通氛围。上文中唐太宗正是利用了"亲和效应"拉近了自己与百姓间的距离。君民达到了这样一种同甘共苦的境地，从而必然赢得人民的拥护，势必会保证他在位期间的国家富强，人民安居乐业。

"亲和力"是一个人不可缺少的重要组成部分，即使是普通人仍然需要提升自己的"亲和力"，增加自己的人格魅力，这样才能促进我们的人际关系趋于和谐。

在生活中，亲和力和影响力经常是密不可分的，有影响力的人一定拥有非凡的亲和力。就好像我们初见到一个人，他身上散发出一种独特的力量，迫使我们不得不去喜欢他。那神秘的力量便是亲和力，我们就是被这种力量给影响了。

第六章 运用心理战术,让陌生人亲近你

可见,在人际交往中,如果你具备亲和力,能让对方把你当成"自己人",那么,你也很容易让交往对象对你形成肯定式的心理定势,从而更加容易让对方发现和确认自己值得肯定和引起对方好感的事实。所有这一切,反过来又会进一步巩固并深化自己肯定和引起自己好感的事实,同时也会进一步巩固并深化对方对自己原来已有的积极性评价。在这一心理定势的作用下,"自己人"之间的相互交往与认知必然在其深度、广度、动机、效果上,都会超过非"自己人"之间的交往与认知。由此可见,人们在与"自己人"的交往、认知之中,肯定式的心理定势发挥着一定的作用,而这也往往会成为搞定陌生人的一种方法。

一语亲近陌生人

现实生活里,我们往往更喜欢与那些和自己志向相同、利益一致,或者同属于某一团体、组织的人做朋友。

5. 与陌生人打交道就是这么简单

相信我们也都有过这样的经历,当某个商场突然聚集了很多人时,很多人也会加入众多的人群中,看究竟发生了什么事情。这就是人的从众心理在作怪!所以,在产品的销售中,如果你能够利用好顾客的从众心理,就会得到比别人更高的销售业绩。

从众成交法,即销售员巧妙地对顾客的从众心理加以利用,以促使顾客立即购买产品。从众心理是人类社会固有的长期存在的社会心理现象。社会规范的要求,团体生活方式压力以及人们普遍存在的相互攀比现象是激发顾客攀比心理成交的核心所在。在介绍产品时强调××也买

了、××用的就是这个型号。利用客户的攀比心理可以迅速达到成交。

为什么这么说呢？

因为人是相当不可思议的动物，人们在购买某些商品时总是会想"××已经买了，效果还不错"，这其实是一种类比心态，是当自己拿不定主意时，常常采用的方法，在推销时可以用这种心理。

通常这些都是要在与顾客沟通后掌握顾客心理的情况下，清楚顾客在什么情况下需要什么想什么，然后投其所好，从而达成交易。

有一位年轻的小姐正在商场的服装部转来转去。她在一件衣服前看了很久，但神色犹豫不定。此时，售货员走了过来，顺着小姐的目光看了看那件衣服，说："这件衣服卖得挺不错的，这款式、颜色特像韩国青春组合里的衣着，很流行。今年很多年轻女孩都买这样的衣服，前几天我们店里呼呼啦啦来了好多个女孩，点名要买这件衣服，您真是太有眼光了。"

小姐听后，下定决心，试着合适后，把它买了下来。人们总是有一种从众心理，往往流行的东西对人的确是影响很大。

从众成交法，是指营业员利用顾客的从众心理，来促使顾客立即购买推销产品的一种成交方法。从众心理是人类固有的心理现象：长期的社会规范、有形或无形的团体压力以及人类自身的成长要求，都是形成从众心理的主要原因。

像"很多人"、"某某家的太太"、"附近的很多年轻女性全都……"等介绍容易使顾客产生想要购买的心理。因为这种效应在不知不觉中引发起顾客的攀比心理。特别是在女性强烈的嫉妒心驱使下，会产生"别人都买了我岂能甘落人后"的想法。同时更可以使对方内心里产生安全感："大家全都买了嘛！用不着担心受骗，有利于扫除对方心中的犹豫，使得办事顺利进行。

从众成交法就是利用顾客的这种从众心理。通过顾客之间的影响力，给顾客施加无形的社会心理压力，进而促成交易。但是，使用这种方法时事件应该真实，数据必须准确，切忌凭空捏造，欺骗消费者。否则，不仅不会顺利促成交易，反而会影响企业形象，从而对企业整个销售工作产生不利影响。

一语亲近陌生人

顾客可能不相信推销员，也可能不相信自己，但是他们却把别人的消费作为自己消费的参照。

6. 找到认同感

"同体效应"在人际交往中是普遍存在的，它可以使我们在最短的时间内取得对方的认同感，从而更好地实现我们与之交往的预期。我们常说某某人有亲和力、有感染力，实际上指的就是这个人很会运用"自己人效应"与人相处。很多人之所以交际效果欠佳，和不懂得"同体效应"的影响有关系。

人与人之间需要一种认同感。这种认同感不一定是赞美的话语，但却是一种心灵上的默契。和有认同感的人交流，心情会感觉舒畅，会很自然地想和对方做朋友。一般来说，在一个陌生的环境中，首先能获得你的好感的，必然是与你有共同点的人，比如，与你有共同爱好的人、与你有相同出生地的人、与你有相同的生活习惯的人、与你有相同经历的人，等等。因为我们经常会无意识地把这些人看成"自己人"，而提高对他们的信任度。这在心理学上叫做"同体效应"，也称"自己人效应"，是指个人把他人归于与自己同一类型，是知心朋友。每个人对"自己人"的话更信赖，更易于接受。

　　现实生活中，善于交友办事的人都是善于交谈的人，即便是完全陌生的人，他们也能消除彼此的紧张感、陌生感，并从中找到认同感，办起事来顺风顺水。这一点对于初次见面的双方而言，尤为重要。广告公司营业部王女士的一段经历就是很好的一例。

　　不久前，王女士到云南旅行，晚餐时来到一家小餐馆，进门看看有没有位置，眼光一扫发现在最内侧还有一处空位，但不知是否有人预约。

　　犹豫片刻，她走过去主动向坐在空位旁边的那位先生打招呼，亲切爽朗地说了声："你好"。

　　对方也非常有礼貌地回了他一声"你好"。

　　王女士接着问这位先生："请问这位子有人坐吗？"

　　对方回答："没有人坐。"

　　王女士便说："我是否可以坐在这里？"

　　对方心情非常愉快地回答："当然！请坐。"

　　王女士坐下之后同对方闲谈说："我是今天才从北京来这里的，云南的街道真是古意盎然，许多白色墙壁的建筑，看了之后让人心情平静了许多。"

　　对方亲切地回答说："你是从北京特地来的啊！那你去过某某地方了吗？这个地方是很有历史内涵的"接着，他向王女士谈起了云南的风土人情、自然景观。这位先生又给了她一张名片，原来他是某业务主任。王女士也谦虚地递出自己的名片，这位业务主任看到王女士的名片惊喜地说："哦？你在广告公司高就啊！今天能够遇见你真是太有缘了！是这样的，我们公司想在北京成立一处新部门，正想找一个广告公司合作呢?"

就这样,第一次见面的陌生人,竟然谈成了一项业务,真是意想不到。他们的交谈与成功,就在于找到了认同感。双方的认同感、接近处正是进行交谈的突破口。

同陌生人闲谈最重要的就是能够尽快地找到双方的认同感。那么,怎样才能找到自己同初次见面的人的认同感呢?

(1) 了解对方

要善于捕捉对方的信息,寻找其积极的、你可以接受的观点,形成一种默契和好感。

(2) 寻找彼此之间共同的地方

比如,性格、认知、血缘、地缘、志向、兴趣、爱好、利益等方面。

(3) 在适当的时机表现彼此之间的"同体"之处

找到彰显双方一致的地方之后,就可以寻找适当的时机将这种"一致"表现出来,但时机一定要把握好,否则会让人产生牵强附会,溜须拍马之嫌。

(4) 以"同体"之处为话题

同体效应最为关键的一步是:以"同体"之处为话题,比如说说共同的生活方式、共同的解决问题的方式、双方熟悉的一些东西等。只有再次明确"同体"之处,"同体效应"才能产生。

(5) 地位平等

不要总是觉得自己高高在上,这样很容易让人对你产生不好的印象,让人难以信赖你,影响你的人际交往,更不利于同体效应的实施。

一语亲近陌生人

许多时候就是在不经意的闲谈中找到双方的共同点，在思想上和心理上产生一种共鸣，达成一种共识，从而获得别人的认同，把一些事轻而易举就办成了。

7. 轻松化解尴尬与分歧

我们在生活中，总是不断地交替扮演着主人和客人的角色，因此我们有可能要去应付不合理的要求、令人不快的行为，或者闹得不像话的场面。

所以，在社交中，面对一群陌生人，并且他们让你深陷窘境的时候，如何与初次见面的他们化解尴尬，没有任何合适的方式，答案只能是以幽默取胜。

幽默，可以让人们会意地发笑，使他们觉得轻松，气氛自然也就融洽了。在一个气氛融洽的环境里工作，无论是大家的工作积极性还是工作效率都会有很大的提高。

在日常的生活中，如果你能不时地与同事们开个玩笑，幽他一默，你的部下必然会觉得你很随和，愿意接近你。这样你才能真正了解他们，与他们更好地进行沟通，这对于你的工作来说是极其重要的。

幽默不仅能给我们的生活带来笑声，带来欢乐，而且能使我们拓宽人际关系，增长才干，在人生的历程中获得成功。美国心理学家赫德·特鲁认为：幽默是艺术，是运用幽默感来改善你与别人的关系，并增进你对自己真诚的评价的一种艺术。

幽默可以让人急中生智，化解困境，或者从危险境地中脱身，创造性地、完善地解决问题。

第六章
运用心理战术，让陌生人亲近你

据说，英国首相威尔逊在一次演说进行一半时，台下有人喊："狗屎！垃圾！"

这明明是指威尔逊演讲的内容，但威尔逊这位干练的政治家却故意装糊涂："狗屎？垃圾？公共卫生？各位先生，我马上就要谈到这个问题。"

就这样，他不仅没有被窘到，而且赢得了一片喝彩。

可见，当你面对陌生人，遇见棘手的问题时，为了避免不必要的麻烦，用幽默的语言说出来，这样既给了对方面子，又使事情得到了圆满的解决，往往会收到意想不到的好结果。

幽默是人与人之间沟通的一剂良药，是智慧的火花。幽默之所以能使人在生活中化险为夷，是它可以将哲理和人的心智进行结合，用新视角去解决生活的矛盾。

没有幽默感的人在社交中往往会失败。在与陌生人见面的交际场合，幽默的语言极易迅速打开交际局面，使气氛轻松、活跃、融洽。在出现难堪场面时，幽默、诙谐便可成为紧张情境中的缓冲剂，使与你初次见面的人摆脱窘境。

英国现代杰出的现实主义戏剧作家萧伯纳有一次在街上被一个骑自行车的陌生人撞倒。肇事的陌生人看到自己撞到了人，惊慌失措，连忙向萧伯纳道歉，然而，萧伯纳却对他说："先生，你比我更幸运，要是你再加点劲儿，那就可作为撞死萧伯纳的好汉而永远名垂史册啦！"

一句话可以使紧张的气氛变得轻松起来。可见，幽默是精神的缓冲剂。高尚的幽默，可以淡化矛盾，消除误会，使不利的一方摆脱困境。

幽默之所以能使人在面对陌生人或者陌生的环境时化险为夷，是它可以将哲理和人的心智进行结合，用新的视角去发现生活中的矛盾。当你遇到急迫而又棘手的问题时，懂得用恰到好处的幽默话随机应变，将使你迅速化险为夷。

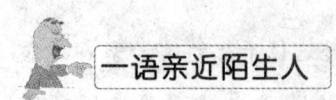

一语亲近陌生人

与人初次见面的时候偶然的冷场或者突如其来的艰涩问题往往使人不知所措，这时一个幽默就成了大家都能下的台阶。

8. 过程决定一切

在社会上生存，就要与人交往，在与陌生人交往的过程中要把握好与人交往的尺寸和温度才能在社会中如鱼得水，为办事做好铺垫。"一回生，二回半生不熟，三回才全熟"正是最高的与人相处的指导原则；保持平静的、持续的接触，这样拓展出来的人际关系才是可以信赖的。

某甲参加一个社交聚会，交换了一大堆名片，握了无数次手，也搞不清楚谁是谁。

几天后他接到一个电话，原来是几天前见过面，也交换过名片的"朋友"，因为那位"朋友"名片设计特殊，让他印象深刻，所以记住了他。

这位"朋友"也没什么特别目的，只是和他东聊西聊，好像二人已经很熟了那样，某甲不大高兴，因为他与那个人没有业务关系，而且也只见了一次面，他就这样子打电话来聊天，让他有被侵犯的感觉，而且也不知和他聊些什么好！

在现代社会中，这种情形常会出现，以这位某甲的"朋友"来看，他有可能对某甲的印象颇佳，有心和他交朋友，所以主动出击，另外也有可能是为了业务利益而犯了交往中的忌讳——操之过急。

拓展人际关系是名利场上的必然作为，但在社会上有一些法则还是必须注意，才能达到预期的效果，而不致弄巧成拙。

这个法则就是"一回生，二回半生不熟，三回才全熟"，而不是"一回生，二回熟！""一回生，二回熟"还太快了些，"一回生，二回半生不熟，三回才全熟"则是渐进的，而且是长期的、对方不知不觉的。

之所以要"一回生，二回半生不熟，三回才全熟"，是因为几个原因：

1. 人都有戒心，这是很自然的反应，一回生，二回就要"熟"，对方对你采取的绝对是关上大门的自卫姿态，甚至认为你居心不良，因而拒绝你的接近，名人、富人或有权势之人，更是如此，聪明者自会不动声色留点"手腕"。

2. 每个人都有"自我"，若一回生，二回就要熟，你必定会采取积极主动的态度，求尽快接近对方，也许对方会很快感受到你的热情，而也给你热情的回应，可是大部人都会有自我受到压迫的感觉，因为他还没准备好和你"熟"，他只是痛苦地应付你罢了，很可能第三次就拒绝和你碰面了。

"一回生，二回熟"的缺点还不止上面提到的两点；因为你急于接近对方，所以很容易在不了解对方的情形下以自己作为话题，好持续两人交谈的热度，这无疑是暴露自己，若对方不是善类，你不是自投罗网吗？如此说来，与陌生人接触要循序渐进，以赢得更多朋友和保护自己。

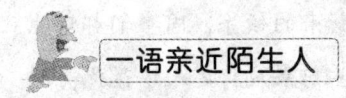

一语亲近陌生人

一回生，二回半生不熟，三回才全熟。

9. 降低姿态，赢得陌生人好感

对于一些人来说，与陌生人交谈是交际中的一大难关，处理好了，就可以一见如故，相见恨晚；处理不好，就会导致冷言寡语，局促无言。

面对初次见面的陌生人，你们彼此之间都会感觉到很陌生，难以交流，甚至不知道如何开始交流。这时候，如果你能表现得谦让、诚恳，相信你一定会更容易得到初次见面之人的好感；与其相反，如果你高傲自大，看不起对方，那么，对方自然会对你产生不好的印象，而你也只能止步在孤立无援的困境里。

在生活中，我们经常可以看到这样的人：虽思路敏捷，反应迅速，但一说话就让人躲之不及，这是什么原因，主要就是因为，这样的人在说话的时候过于显露自己，而忽略了他人的存在，总想让别人知道自己很有能力，处处想显示自己比别人优越。然而这种做法，往往适得其反，反而降低了自己在他人心目中的地位。相反，如果你能处处表现出低姿态，显示出自己的谦卑，那么往往会给对方留下好的印象，让他人愿意帮助你。

一次，某个知名企业公开招聘一位人士经理，李明在这才招聘中，最终通过考核，谋取到了该职位，面对这位新来的领导，同事们都对他表示祝贺，甚至有些人还说，他本来就是这些前来应聘之人中最优秀的一位。李明听到这些新同事的夸奖之后，说："大家太夸奖我了，其实，

第六章
运用心理战术,让陌生人亲近你

虽然其他几位候选人最终没有成功,但是他们也一样是很优秀的,在管理方面,刘秀高于我,在经验方面,徐瑞强于我,在公关方面,锐敏高于我。"听了他的话,几位被淘汰的候选人都露出了笑脸,后来在李明的挽留下,这几位都留在了公司,李明根据他们各自的特长,分与给予了不同的职位。他的这种低姿态使他赢得了所有人的赞赏,也使他在工作中取得了好的成绩,得到老板的赏识。

从这个故事中,我们可以认识到:每个人都希望能得到别人的认可和肯定,尤其是在面对自己不熟识之人的时候,所以,如果在与他人交谈中,你过分地显示出高人一等,那么无形之中是对对方自尊和自信的一种挑战与轻视,对方的排斥心理乃至敌意也近乎本能地产生了。

所以说,运用这一策略的关键之处就是:不要强调自己是很重要的,如果你想给他人留下一个对你来说十分重要的印象,你就应该显示自己的谦卑。这是我们在与人相处,尤其是与陌生人相处时,必须遵守的准则。试想一下,当你初次与人见面,让对方表现得比你优越时,他们从内心深处会产生一种被重视的感觉。相反,当你在初次与人见面时,表现得优越感十足,对方既不会因此自卑,反而会认为你无知和浅薄,并在心里对你大加嘲笑,为你以后的道路制造障碍。

所以,一味用令人咋舌与吃惊的话,一味地显示自己高高在上的姿态,容易使人产生华而不实、锋芒毕露的感觉。所以尽量不要说意义深远及新奇的话语,而以身旁的琐事为话题做开端。受人爱戴与信赖的人,大多并不属于才情焕发,以惊人之语博得他人喜爱的人。尤其对于一个初识者,最好不要刻意显示自己,宁可对方认为你是个善良的普通人。如果一开始你就不能与他人处于同等的基础上,对方很难与你产生共鸣，对你怀有好感。

一语亲近陌生人

低姿态不仅是一种美德，是一种潜在的力量，更是一块叩响他人心灵之门的好"石头"。

第七章

谈事有策略,让陌生人心甘情愿被说服

在人际交往中更多的时候是策略的较量,与陌生人交往的策略直接决定一个人做事成功与否,与陌生人打交道的第一要诀是要有头脑。也就是说,在你与对方进行交谈的过程中,要不断地进行观察,观察他的举动,思考他的这种举动的意思,也就是要边聊边悟,进而将陌生人掌控在自己的手中,然后从他的需求出发,将其俘获,从而将一个陌生人打造成一个能与自己互相帮助的朋友。

1. 亲近陌生人需要注意的问题

在与未曾相识的人初次见面的时候，由于彼此之间在性情、习惯、办事方法、说话方式等方面都不了解，所以，在初次见面的沟通中难免会出现障碍，消除这些障碍的办法其实很简单，只要掌握一些技巧，你就可以成功应对。

(1) 要学会尊重初次见面的人

在与对方初次见面的时候，不要认为自己高高在上，他人比你弱小，可以由你想怎么样操纵就怎么样操纵。只有学会尊重他人，意识到对方也拥有充分的潜力，能够从他人的角度理解问题，才会有真正意义上的沟通。

沟通是彼此之间的事情，当你运用技巧时，别人也会运用技巧。当然，沟通是有目标的，你可以使自己的愿望处于优势，并且尽可能达到这个对自己有利的结果。但这多少有些一厢情愿，因为别人也运用技巧，彼此力量的消长有一个合适的中点，那是双方可以接受的结果。沟通能达到这个目的，双方都应该满意，虽然这个结果跟你渴望的结果有些差别，但也应该坦然接受。

(2) 尽量多采用含蓄的暗示方法

他人既然不是机器人，理所当然应该受到你的尊重。而尊重他人的妙招应该算是暗示吧？暗示就是为了保全他人自尊时采取一种比较含蓄的不直接指责、指使他人的办法。也就是间接地让人做你希望他人做的事。

暗示可以成为他人行动的动力，他人在接受暗示时，已经感到了被尊重，就会主动帮你达到你渴望的结果。暗示可以让人心甘情愿地和你沟通。

（3）移动他人的观点

在沟通时，如果彼此双方出现了问题，对方提出的观点你并不赞同，此时，你可以先接纳对方的观点，然后再削弱他人的观点，是一个尊重他人的好办法。生活中，人的观点多种多样，纷繁复杂地围绕在你周围。这些观点有容易理解的，也有令人难以把握摸不着头脑的。观点是容易冲突的，每个人都不愿放弃自己的观点，所以，沟通时不要破坏对方的观点，只能悄无声息地移动他人的观点，让它靠拢自己的人生观。记住，是移动，不是改变。

移动他人的人生观，可以采用游戏性质的做法，让别人感觉不到严肃的压力，因为人生观可是个严肃的大问题。而在游戏中，人生观稍有移动和变化，他人是不会觉察的。

（4）注意动作暗示

我们的身体是有语言的，我们的动作往往可以暴露我们的内心世界。同样地，他人的动作也会泄密。所以，在与对方初次见面的沟通中，你可以注意观察一下对方的动作，并采取正确的方式利用它。

如果与人交谈时，你做侧头深思的动作，你的体语就告诉对方，这个问题你有疑问，这比直接打断他更有效，不至于立刻和对方抵触。他人一定会问："有什么不懂的吗？"这样由他人自己中断语言流程，可以有效地保证他人自尊心不受伤害。

如果想中断谈话，急于离开去做别的，你可以不停地偷看手表。手表有时候可能就是心理时间的外壳。他人会问："有事吗？你可以先走。"你就可以很有礼貌地全身而退。

（5）不要逞强

如果你初次见面的人是一位十分爱表现自己力量和能耐的人，对于这样的人，你不要心生厌恶，因为这样，你很难与对方拥有下一次的接触。

最简单的办法就是，在他们面前故意表现得笨手笨脚，他们会哼着鼻孔走过来说："真是差劲，让我来！"于是，他们就自己动手做起来。

最聪明的办法是询问。很虚心地去求教，他人怎么会不理睬？说不定一边做一边教你怎样做呢。

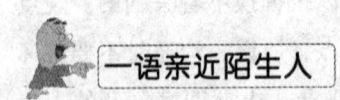

一语亲近陌生人

与陌生人的交往可以决定人们彼此之间的评价，以及洽谈事情的成功与否。

2. 与陌生人谈事策略的要求和禁忌

与陌生人沟通需要一定的气氛和方式，当然这不是要刻意去做的，刻意会使对方感到你很做作。当然，如果你平时多努力，就会很容易达到这些要求。

与陌生人见面，交谈态度无非两类：一类是良好可行的；另一类则是应极力避免的。

与陌生人成功交谈的七种态度是：

（1）感兴趣

对正在进行的谈话、谈话人及其所作所为表现一定的兴趣，不要只对熟人感兴趣，而应对参加谈话的所有人，包括不熟悉的人、初次相识的人也感兴趣。

（2）友好

与陌生人交谈需要友好的态度。如果你对他人表露不满，对他们的谈话挖苦讽刺，交谈通常难以进行下去。

（3）神情愉快

当你与陌生人谈话时，应表现出愉快的心情，通过微笑以示兴趣和友好。要知道，人们聚在一起并不是为了听一个满面愁容的人叙述自己是怎样受到伤害和被人误解的，把你悲伤的面具留在家里吧。

（4）有张有弛

在交谈中，你可以很活跃，在脸上和姿势中尽情表现你的生气。然而，一定的安静，也是与陌生人交谈所不可缺少的，人们从中可以得到轻松。

（5）随机应变

谈话的话题是经常变化的。一个成功的交谈者应随机应变。

（6）得体

常言说：三思而后行。与陌生人交谈时，你应在说话前多想而不是事后追悔。有时，我们难免会伤害他人，因为无意中触及了他们的敏感问题。因而，我们应尽量避免因粗心造成对他人的伤害。

（7）谦恭有礼

许多无可辩驳的事实证明，一个成功的交谈者应谦恭有礼。

交谈态度七忌是：

（1）不要武断

与陌生人交谈，你应使自己的陈述显得和缓，力戒"所有"和"总是"这样的词，转而用"一些"和"有时"这些你认为有把握的词，避免丢脸和引起争议。还有一点更为重要的是，说话的语调也应尽力避免武断。

（2）不要有优越感

用一种优越于任何事和任何人的态度进行交谈会使你很快陷于孤立。你会因此失去朋友，失去与人交往的良机，成为孤家寡人。

(3) 不要好斗

人们喜欢在政坛上或是在有奖的拳击场上看到一场精彩的争斗，但是几乎没有人愿意在自己的客厅中接待一位好与人斗嘴的客人。

(4) 不要无动于衷

当一个交谈者期望你能对其妙语有所反应时，你应有所表示，不要让他在整个谈话中唱独角戏。这样，既表现了你对他的尊重，也使交谈成为一种真正的交流。

(5) 不要言过其实

赞扬别人，但不要过分，不要虚构，要赞扬正确的事情。

(6) 不要以自我为中心

和陌生见面的过程中，应肯定地表达你的思想，但不要给人以整个世界都在围绕你转动的感觉。

(7) 学会做配角

与陌生人成功地见面，并彼此留下较好的印象，不要自己总是在喋喋不休地讲，而要让他人拥有更多的讲话机会，让你做配角。

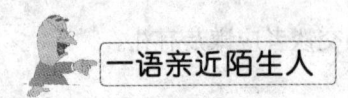

一语亲近陌生人

与陌生人洽谈成功是一门艺术，也是一个人不可或缺的能力。

3. 借力使力，迂回沟通

任何两个陌生人初次见面，陌生感是在所难免的，可是为什么很多人在第一次和别人见面的时候总是能和对方打成一片呢？很重要的一点，就是他们善于借力使力，迂回沟通。

第七章
谈事有策略,让陌生人心甘情愿被说服

双方初次见面,直接谈生意可能太突然。这时就要寻找中间关系,借他人之言说到主题,迂回一下很快就能达到目的。

某人为了推销百叶窗帘来到某公司,他知道某公司的经理与他朋友是老相识,便打听到经理的住处,提一袋水果前往拜访,彼此寒暄后,他说出了几句这样的话:

"这次能找到你的门,是得到了朋友的介绍,他还请我替他向您问好。"

"说实在的,第一次见面就使我十分高兴。听朋友说,你们的公司还没有装百叶窗帘。"

第二天,向该公司推销百叶窗帘便成交了。此人高明之处是有意撇开自己,用"得到了朋友的介绍"这种借人口中言,传我心腹事,借他人之力的迂回沟通法,令对方很快就接受了。

社会纷繁复杂,真真假假、虚虚实实,谁能时刻提那么高的警惕去辨别真假?因此,很多人就可以钻空子。

一天,一位办理房地产转让的房产公司推销员来到朋友家,带着上司的介绍信。彼此一番寒暄客套之后,就听他讲开了:

"此次幸会,是因为我的上司极为敬佩您,叮嘱我若拜访阁下时,务请先生您在这本书上签名。"边说边从公文包里取出这位朋友最近出版的新著。于是这位朋友不由自主地信任起他来。在这里,上司的仰慕和签名的要求只不过是个借口,目的是对这位朋友进行恭维,使他开怀。

此种情况,由不得人家不照他的话去做。这种社交手段,确实难以招架。

素不相识,陌路相逢,如何让所求之人了解你与他是朋友的朋友,亲戚的亲戚，显然十分牵强，但一般人不驳朋友的面子，断不至于让你吃闭门羹。这是一条交际的捷径。

与不相识的人打交道，通过第三者的言谈，来传达自己的心情和愿望，在办事儿过程中是常有的事。人们会不自觉地发挥这一技巧。比如"我听同事老张说，你是个热心人，求你办这件事儿肯定错不了"，等等。但要当心，这种话不是说说而已的，也不能太离谱，有时有必要事先做些调查研究。

为了事先了解对方，可向他人打听有关对方的情况。第三者提供的情况是很重要的，尤其是与对方的初次会面有重大意义时，更应该尽可能多方收集对方的资料。但是，对于第三者提供的情况，也不能全部端来当话说，还要根据需要有所取舍，配合自己的临场观察、切身体验灵活应用。同时，还必须切实弄清这个第三者与被托付者之间的关系。这一点非常重要，不然，说不定效果适得其反。

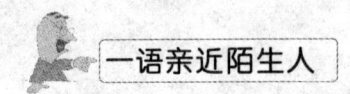

一语亲近陌生人

"借"这一方法可以应用于生活及工作的方方面面，然而在实行这一方法的时候，关键是你要借助及利用第三者的力量，顺利达到自己的目的。

4. 给初次见面的人足够的自尊

俗话说："人要脸，树要皮。"所谓的"脸"，就是人的自尊。因此，如果不是为了某种特殊需要，在与陌生人接触的时候，一般应尽量避免触及对方所忌讳的敏感区，避免使对方当众出丑。

第七章
谈事有策略，让陌生人心甘情愿被说服

从心理学的角度看，人都有友爱和受人尊重的心理要求。人人都渴望平等，成为家庭和社会中真正的一员。任何抬高或贬低他人的语言和行为，都不利于建立和谐的人际关系。所以，在交际中，懂得搞定陌生人的人往往使用抬高他人的办法来操纵初次与自己见面的人。

任何人都希望自己被尊重，大人物如此，小人物亦然，不要以为大人物和平等地位的人对自己有用，就去尊重，小人物可能对自己没有什么帮助，就不去尊重，其实，无论什么样的人，如果你想让对方与你从不相识转而成为朋友，最好的办法就是尊重对方，让对方觉得自己很重要。

据说，富兰克林青年时代，在斐拉岱尔斐亚州开一个小小的印刷所。那时，他被选为本雪尔文尼亚议会的议长。但是，困难出现了。在选举之前，有一位新议员，发表了一篇明显表示反对他的演说，演说把富兰克林批评得一文不值。富兰克林对这位新议员的反对当然很不高兴，可是，这个人是一位有身份、有学识教养的绅士，他的声誉和才能在议院里很有一些地位。怎么办呢？富兰克林想了一个办法。他听说，这个人藏书室里有几部很珍贵、很稀罕的书，就写了一封简短的信给他，说明想看看这些书，希望他慨然答应借几天。没想到这个议员接到信，立刻就把书送来了。大约过了一个星期，富兰克林就将那些书送去还他，另外附了一封信，热情地表示了谢意。这样，当他们下一次在议院里遇见的时候，他居然跑上前来和富兰克林握手谈话了，而且非常客气，并且说愿意在一切事情上帮忙，于是两个人成为知己，美好的友谊一直维持到终生。

这故事，粗看起来很平常，但细心想想，在富兰克林的成功上，尊重他人，让他人觉得自己很重要是不可缺少的因素。

富兰克林运用这个策略，获得了成功！这种策略的效力，存在于人

类天性中的一种潜意识中。我们应当认真研究为什么议员对于富兰克林的鄙视竟会在短时间内完全消失？什么东西在那位议员心中起了作用，使他很快与富兰克林握手言和并成为挚友？

原来，在这一个小关节里，富兰克林无形之中已表示了推崇别人的意思，而自己居于较低的地位。在这种情形下，那位议员俨然是一位施主，而富兰克林变成一个乞求施舍的人。其结果，便是"使别人感到自己地位的优胜和重要"。简单说起来，这个策略，对于初次与人相识，而又渴求别人对自己有所帮助的人来说是一种很好的方法。

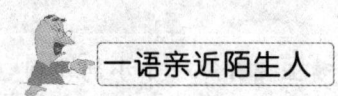

一语亲近陌生人

尊重是获得对方好感的前提，这样，你既可以获得对方的尊重，也增加了使对方信服的资本，可以说是一举两得。

5. 攻心为上

"动之以情，晓之以理，衡之以利"，这是与陌生人沟通中的最根本原则。以理服人就是摆事实，讲道理，让人从你讲的道理中领悟到其正确性，从而接受你的意见，按照你的意见行事。需要注意的是劝导说理要对准要害，出言有据，事实确凿，对方的观点就会不攻自破。

晓之以理，还要结合动之以情，通情才能达理。有时对一个人讲大道理时，教育对象并非对道理本身不接受，而是与讲道理的人感情上合不来。这时讲道理的人要善于联络感情，要注意反省自己有无令对方反感的地方，及时克服和纠正。尤其当对方抵触反感情绪较大时，首先要以诚相待，要在理解、尊重、关心的原则基础上，再讲道理。这样往往

第七章
谈事有策略,让陌生人心甘情愿被说服

能以情动人,在催人泪下的同时,不露痕迹地对听众施加思想影响,使人不知不觉地接受其教义。这就是情感的力量。对于初次见面的陌生人,以事比事,将心比心,运用其自身或熟人的经验教训,再加上感情色彩浓厚的语言,去进行绘声绘色地诉说,易令人感到亲切可信,引发情感上的共鸣,从而为接受道理扫清了障碍,铺平了道路。

很多人之所以能在各种场合中做得游刃有余就是因为他们能很好的运用这一点。

小凤之所以能和很多的朋友相处得很好,就是因为她能很好的在与朋友见面时总是会说一些别人察觉不到的亮点,朋友听了后心里会舒服很多。

有一天,她去参加一个朋友的婚礼,期间她听说,这个朋友的妻子是一个非常喜爱首饰的人,于是,当她到会场后,听到所有的人都在夸奖新娘长得漂亮时,她便说:"哦,您佩戴的这个坠子,真是少见,太特别了,您真有品位"。结果她的话刚刚说出口,朋友的妻子立刻微笑着说:"谢谢,这个坠子只有在巴黎才能买到呢,我非常喜欢它。"

就这样,两个人彼此之间成了好朋友。人情话并不都是虚虚飘飘地闲扯,有的人情话并不是两嘴唇一张一合就能说出来的,而是需要抓住对方的心理,尤其是在人多的场合,大家众口一词地赞美某个人的同一事件时,很多情况下会使他(她)陷入不自在的境地,但如果此时,你能了解对方的心理,那么,你说的话才会给对方留下很好的印象,也才会让对方接受。

当然,在生活中,与他人交谈的时候,想要抓住人心,你要视人而定。如果,这个人是初次见面,你要尽量避免说一些对方人品或性格的事情,而是要称赞他人的具体事物,就像上文中的小凤一样,见面先称赞新娘的首饰,这样不仅不会让人产生戒备之心,还会让人对你产生一种亲近感。然而，如果和熟识的人交谈，你就可以大胆的赞美他过去的成就或行为。因为这时彼此之间都已经很了解，赞美这些既成的事实，更容易抓住对方的心理，让人接受。

由此看来，要想成功说服陌生人按照自己的意愿办事，最大的障碍就是对方的"心理防线"。因此，设法动摇对方的心理防线，是说服对方的关键所在。那么，如何动摇陌生人的心理防线呢？除了要晓之以理，具有充实的内容之外，还更要动之以情，掌握一定的方法和技巧。

（1）在尊重对方的基础上进行攻心

人都是有自尊心的，任何人都希望得到别人的尊重，即使是学生、孩子也希望得到老师、家长的尊重。而一个人在受到别人尊敬时，心情会特别的轻松愉快，在这种情况下攻破对方，往往会取得事半功倍的效果。

（2）强调与对方在某些方面的相似之处

找出与对方彼此一致的共同点，不仅导致彼此喜欢，还可以互相产生信任感。在一些著名的演说家的演说词中，常常出现这类词句："我们所想的"、"我们这种表现"等。他们常以"我们"替代"我"这个词，这样在听众中就会达成一种共识：这是我们大家的，从而产生了一种共鸣。演说家的高明之处在于把自己融于听众之中，让听众接纳他，从而令听众成为被说服者。在我们的日常生活中，要想劝说成功，不妨也使用演说家这种惯用的说服技巧，挖掘自己与对方的相似因素，譬如文化背景方面、年龄方面、社会经历方面、工作专业方面、思想感情方面、兴趣爱好方面等。

（3）以对方的立场为出发点

考虑对方的立场，发掘对方的欲求与情感是说服的基本方法之一。想要说服别人，不妨设身处地的以对方的立场为出发点，找到对方的利害之所在，使被说服者意识到自己的观点、做法将会带来什么样的后

果。这样，就能紧紧抓住对方的心，从而达到说服对方的目的。

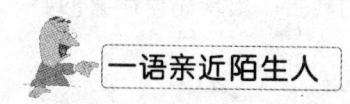

一语亲近陌生人

有了互相了解，有了感情交流，就有了心理共鸣的基础，话就能够说到对方心里，就能通过"通情"而"达理"了。

6. 初次约会，巧妙表达爱意

相亲是一个很传统的男女交往方式，但在现代社会中仍占据了非常重要的地位。男女双方在第三方的介绍引见下，互相见了面。一般情况，第一次见面对日后两人是否继续交往起了很大的作用。如果彼此给对方留下了美好的第一印象，那么爱情成功的几率就会大很多，相反，则没有什么发展的可能。

掌握第一次约会的艺术，使情窦中人彼此相互了解，并将丰富的思想、复杂的情怀、微妙的心声，用贴切的语言表达出来，是热恋中的人应当掌握的技巧。

也正是由于第一次约会的重要，使得不少原来了得的青年男女第一次见面时往往不知如何开口，即使原本健谈的人也会变得木讷、寡言甚至手足无措。这种现象在现实生活中也实在是见怪不怪了。但是，面对第一次约会，面对自己心爱的人，你应当如何摆脱这些不利因素，向对方成功表达爱意呢？

下面是一些表明心意的办法：

(1) 制造悬念法

先制造一个悬念，有意让对方树立一个误解——自己爱上别人，给对方造成一种欲爱不成、欲割难舍的状态，"引诱"对方一步步"上当"，然后，突然使对方恍然大悟，实现爱的转折，出现先惊后喜的心理效果。

（2）安慰法

爱情也要尊重现实，毕竟理想与现实是有距离的，梦中的结婚生育怎能及得上现实生活的一段平凡的爱恋。大方、慷慨、有责任心、处处体贴、制造浪漫……这一切具有十足男人味的气息无一不让女孩子心动并深深折服。软磨硬泡，狂轰滥炸，让她的整颗心都破碎，让她伏在你的肩头痛哭一晚，再用你的体贴与关怀去抚慰她那颗受伤至极的心灵，定会留住她那头飘逸的长发，因为受伤的女人是最需要安慰的，这无疑是获取女孩芳心的锦囊妙计。

（3）送礼物法

初次约会，如果你想向对方表明爱意，想让对方了解你的心意，让对方也来爱你，那么，你就要用行为把爱表达出来。亦即，用行动来表示你对对方的爱，让对方知道，从而让对方也想要爱你。

有个最普遍的方法，就是查出对方的生日，然后在当天送他一份精心构思的生日礼物。此时，要避免太贵重的礼物。因为你不是要用物品来吸引对方的心，而且对方收到太贵重的东西，恐怕也会造成对方的负担。可能的话，最好知道对方想要的是什么东西，如果能送他想要的东西，那他一定会很高兴的。同时，你也可以借此机会表明自己的心意。

（4）肢体语言表达法

经验表明，"肢体语言"常常可以向对方传递更多的信息并表达出更为丰富的情感。因此，如果你的言语表达能力平平，那么请记住：在第一次约会时，你所说的几乎不会培育出什么可以令人感到惊喜的成果。

根据研究人员的测算，在第一次约会时，你留给对方的第一印象有

第七章
谈事有策略,让陌生人心甘情愿被说服

55%取决于外表和"肢体语言",有38%取决于讲话的技巧,而只有7%取决于说话的内容。

这就意味着,只需借助一些简单的心理学方法(哪怕谈话的内容只涉及天气),你就有可能赢得对方的爱慕。为此,你的身体必须能够向对方传递一些暗含的积极信号。首先需要注意的是:千万不要双臂交叉地站在对方面前;其次,效仿对方的姿势有助于使人体会到一种亲近感。

(5)直接挑明法

对于几经磨难或交往比较深,有一定感情基础,或两个人已经暗地里互相倾慕,只需"捅破那层纸"的双方来说,坦率地直抒胸臆表达爱情不但省力,而且也别有一番风味。

列宁的求爱是直截了当的。列宁向克鲁普斯卡娅求爱时就直截了当地说:"请你做我的妻子吧!"而一直爱慕列宁的克鲁普斯卡娅也回答的很干脆:"有什么办法呢,那就做你的妻子吧!"列宁的求爱言语简明扼要,感情诚挚,给人以难以抗拒的力量。

要明白,女孩子一般会喜欢大胆、直率和真诚的小伙子,只要你在约会时把握住夸奖、赞美的原则,让她听了感觉愉快、甜蜜,机会就在眼前,珍惜好你们的第一次约会,你们就一定能继续交往下去。

一语亲近陌生人

在任何场合,男性要主动向女性打招呼、问好,并要尽量展开话题,不要出现冷场,第一次约会尤其要注意。

· 203 ·

7. 善于满足对方的需要

由于人与人之间很难一开始就产生共鸣，所以必须先诱发对方与你交谈的兴趣，再经过一番深刻的对谈，才能让彼此更加了解。当你尝试说服他人，或对他人有所请求时，也同样适用。你不妨先避开对方的忌讳，从对方感兴趣的话题谈起，并且不要太早暴露自己的意图，等对方一步步赞同你的想法后，他们便不自觉地认同了你的观点。

所谓投其所好，是指运用心理学中"情感共鸣"的原则，归纳出来的一种满足对方需要的方法。它是寻求不同职位、不同职业、不同经历的双方利益的共同点，就像两匹在旷野上驰骋的骏马拉入相同的跑道一样，投其所好，运用你的知识、才能的优势，向对方发起心理攻势，直达"俘获"对方的目的。

有一个身材较胖的顾客问书店售货员："有《如何减肥》这本书吗？"

"对不起，太太，刚刚卖完。您要同一作者写的《如何增肥》吗？"

"你拿我开玩笑。"

"绝非开玩笑，太太，只要按书内的建议反着去做不就成了。"

"我有一位朋友，她比较胖，有一次来我店里买《如何减肥》。当时没有，我就把《如何增肥》这本书推荐给她，想不到两个月后见到她时，居然瘦了10公斤。"

可想而知，这位售货员运用投其所好的心理攻势，完成了一项"不可能的任务"，把增肥的书卖了出去。生活中有很多人，去逛一次商场后，往往买回来许多不必要的东西，原因就是拒绝不了售货员的心理攻

势,可见,掌握投其所好的心理攻势对一个人有多么重要。

心理学专家曾指出,只要抓住对方的心理,洞察对方内心的想法和需求,而后讨好他,对方就会被你俘获,这时你就可以牵制对方的思想,为己所用了。

窥测他人心理,投其所好地与对方交往,就是要注意揣摩对方心里在想什么,如果你的做法与对方心理相吻合,那么对方就会愿意接受。了解对方的个性,掌控对方的心理,在与不相识的人初次见面中会占有极大的优势。

其实在我们的日常生活中,同样可以利用"投其所好"来达成自己的目的。那么如何去做呢?

(1)了解对方内心所需

既然你要满足对方的需要,首先就应该了解对方内心所需,这是满足对方心理的第一个步骤。

(2)尽最大能力满足对方

大家都知道人在满足之后都会产生一种快感,特别是在过度满足之后,这种快感更加强烈。很多聪明人士在初次与人交往的时候,往往很擅长使用的就是这种方法来俘获对方。

(3)重视心理满足

人需要得到满足的地方很多,但无论哪一个方面,都无法避免心理满足这种需要。因此,在面对陌生人的时候,不仅要满足对方基本的需求,更要满足对方内心的需求,让对方心里舒服了,那么,你才能真正达到交往的目的。

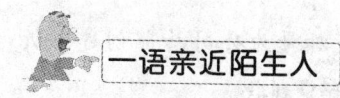

一语亲近陌生人

与陌生人接触,只有不断地满足对方的需求,自己才能得到满足。

8. 激将法是与陌生人办事的必修课

人的心理世界和情感世界差不多同外在的客观世界一样奇妙而复杂，有时一句话反向说，可以促成对方正向的举措，其中的奥妙就在于心理世界和情感世界的倏然变化——而怎样变呢？这里面也有一些规律：人们生活在社会上，处在各种复杂的矛盾关系体中，一个人如何考虑问题完全是由自己的是非判断和情感好恶决定的。只要你事先了解了对方的情感好恶和是非标准，只要你知道了对方处在社会关系网络中的哪一个点上，你就可以根据社会平衡关系，或投其所好，或投其所恶，机动灵活地激发对方产生某种情感倾向和心理倾向，然后促使他按照这种倾向做出有利于自己的决策。这种办事方法就是世人常用的激将上钩法。

有一位华贵的妇女去时装店买衣服，对一套时装产生了很浓的兴趣，但又觉得价格昂贵，犹豫不决。

这时一位营业员走过来对她说："您的眼光真是不一般，刚才某名人也看上了这套时装，和您一样，她也觉得这套时装有点贵，刚走。"于是这位夫人当即买下了这套时装。

这位营业员很巧妙地抓住了这位夫人"自己所见与名人略同"和"名人嫌贵没买，要与名人攀比"的心理，用"激将"的方法进而巧妙地达到了"让这位贵妇买下时装"的目的。

1960 年，美国黑人富豪约翰逊意欲在芝加哥为公司总部创建一所办公大楼，为此他跑了多家银行，但始终没有贷到款。

于是，他决定先上马后加鞭，设法将他的 200 万美元凑集起来，聘

第七章 谈事有策略，让陌生人心甘情愿被说服

请一位承包商，要他放手进行建造，他再想方设法筹集所需要的其余500万美元。假如钱用完了而他仍然拿不到抵押贷款，他就得停工待料。

工程很快开始并持续施工，到所剩的钱仅够一个星期花销的时候，约翰逊恰好和某保险公司的一个主管在纽约市一起吃晚饭。拿出经常带在身边的一张蓝图，正准备将蓝图摊在餐桌上时，那位主管对他说："在这儿我们不便谈，明天到我的办公室来。"

第二天，当约翰逊断定这家公司很有希望给他抵押贷款时，说："好极了，唯一的问题是今天我就需要得到贷款的承诺。"

"你一定在开玩笑，我们从来没有在一天之内给过这样贷款的承诺。"主管回答。

约翰逊把椅子拉近主管，说："你是这个部门的主管，也许你应该试试看你有无足够的权力，能把这件事在一天之内办妥。"

主管微笑着说："你这是让我为难，不过，还是让我试试看吧。"

结果非常理想，约翰逊成功地达到了自己的目的。

试想，面对不相识的人，想要谋求办事的成功，约翰逊运用了什么方法呢？其实很简单就是在谈话中暗示，他怀疑那位主管果真拥有那么大的权力。主管听了这话，感到自己权力的威严受到了质疑。那好，我就证明给你看！结果事情很顺利地办成了。

以激将法说服别人，务必找到并击中对方的要害，迫使他就范。就这件事来说，要害是那位主管对他自己权力的尊严感。

可见，面对陌生人，想要办事成功，全在于心理刺激的"度"掌握的怎样，有的"稍于加热"即可；有的则要"火上浇油"；有的只需"点到为止"；有的可以"藏而不露"；有的则要"穷追猛打"……如果人们能把握好这个"度"，那么在不同的场合、不同的人群，无论面对什么样的陌生人或者陌生群体，都会应付自如。

但面对陌生人，运用激将法也要注意以下三点：

(1) 激将要设法戳到对方的痛处

戳到对方的痛处能激发对方办事的巨大力量。"激"，确切地说，就是要从道义的角度去激对方，让对方感到不再是愿不愿意去干，而是必须去干。

(2) 利用对方的能力、自尊和名声激将

人都是要脸面的，尤其是那些"有头有脸"的人，于是人的自尊、名声、荣誉、能力……便都可以作为"激将法"中的武器。

(3) 以言相激也必须掌握分寸

一味地苛求于办事不利，也容易伤和气。所以，分寸必须把握。

一语亲近陌生人

激将法主要是通过隐藏的各种手段，让对方进入激动状态（愤怒、羞耻、不服、高兴）导致情绪失控，然后无意识中受到操纵，去做你想让他做的事。

第八章

几种与陌生人交流的重要方式

生活中，我们无法避免与陌生人发生各种各样的关系，无法避免要与陌生人进行各种交流。多和一个陌生人说话，你也许就会多一位朋友；多和一个陌生人说话，你也许就会多一条信息；多和一个陌生人说话，你也许就多一个思想；多和一个陌生人说话，你也许就多一些机遇；多和一个陌生人说话，你也许就会多一份财富。

1. 电话沟通技巧

通过打电话与不相识的人进行交流的一个基本特点就是你与陌生人互不相见，你的面部表情再丰富、面容再美好、衣饰再漂亮，对你的谈话的结果几乎没有任何影响。在和他人通过电话交流的过程中，唯一重要的是你的讲话语气、语调及用词。一个善于通过电话与不相识的人交流的人更必须做到语气平和、语调轻松、用词得当，给对方愉悦的感受，让接听电话的人可以迅速被你的轻松自如所感染，愉快地进入谈话状态。

那么电话交谈需要注意什么呢？主要包括如下几个方面：

（1）时间原则

这是指打电话时间的选择和电话交谈所持续的时间。除了紧要事外，一般在以下时间不宜打电话，否则，将是一种极不礼貌的行为：

①三餐时间；

②清晨7时以前；

③晚上10：30后。

电话交谈持续的时间，一般以3~5分钟为宜。如果一次电话要占用5分钟以上时间，则应首先说出要办的事，并问一下："您现在与我谈话方便吗？"若对方不便久谈，就应另约时间。

（2）不要以"喂"来喊人

打电话时，人们为了接通线路，故"喂"一声，待互通声气以后，照例是"早安"或者是"你好"，然后再说下去。

但是有些人平时见到朋友也像接电话一样先来"喂"一声，这就有失礼貌了，应该以姓和称呼来招呼对方才对。

第八章
几种与陌生人交流的重要方式

我们也常见有些人问路，也是"喂"一声，虽然对方是路人，但为了礼貌起见，也得来一声"你好"、"请问先生"……

（3）语式原则

语式，主要指选择通话的语气语调。电话通讯时的语言礼貌，不仅要坚持用"您好"开句，"请"字居中，"谢谢"结尾，还须注意语气语调的运用。同样一句话，用不同语调表达，产生的接受效果大不一样。

一般来说，语调过高，语气过重，使人感到尖刻、严厉、生硬、冷淡，刚中带刺；语气太轻，语调太低，使人感到无精打采、有气无力；语调过长，则显得懒散拖沓；语调过短，又显得不负责任。一般通话时，以语气适中、语调略高、尾音稍拖长一点为佳，这易使对方感到亲切、自然。

（4）注意语言的文明

在电话交流中，语言能体现出一个人的文化修养与素质，因此要特别注意文明语言的使用。

打电话是一种特殊的交谈方式，交谈双方互不见面，只能凭听筒里传来的声音获取信息。声音中的语音、语调、语气和语言内容成为电话交谈的主要信息载体，对沟通交流效果起决定性作用，因此在电话通信礼仪中需要特别注意语言的文明，要尽可能使用规范的表达方式，以免对方误解。电话交谈对语音的要求更高，最基本的要求是口齿清晰，让对方能听清楚讲话的内容，语速可适当放慢，语气要热情有礼、亲切自然。

调整语气与情绪。在电话交谈过程中，一个人的语气、语调可以体现出细致微妙的情感。语调过高，语气过重，对方可能会把你归在冷酷无情的人群里，认为你尖酸、刻薄、狂妄自大；语调太轻，语气太低，给别人的感觉是无精打采、懒散拖拉、工作态度不端正。所以在一般情况下，语气应适中，语调高低以不影响别人办公为宜，同时还要让对方感受到你的真诚、自信、活力。

不要让不良情绪影响打电话的效果，打电话前应调整好情绪，切忌急躁、烦恼、不安，否则会影响对方的情绪，从而产生不舒服的感觉。

（5）耐心原则

当你拨通了电话后，听到铃声响了3次，还没有人来接，在这个时候，请不要把电话挂断，应当耐心地再稍候。若铃响了六七声还是没人接，这就说明你要找的人的确不在，那么，这时你就完全可以把电话挂断了。若铃只响了3声，你就匆匆忙忙地挂了电话，要是你要找的人正忙着，当他听到铃声火速赶到电话机旁，电话却被挂断了，你岂不是白劳他辛苦一场。

（6）结束谈话，致告别语

电话交流结束以后，告别语一般由打电话一方提出来，电话交谈结束时可询问对方是否还有其他事宜，这既是对他人的一种尊重，也是一种友善的提醒。如对方是长辈、上级或女士，应在对方放下话筒后再挂断电话。

由此看来，要想给他人留下深刻的印象，掌握电话交流的原则是十分必要的，这样对于扩大你的人际关系是十分重要的。因此，以后如果你在与不相识的人打电话的时候就要注意这方面的问题，以免还未见到其人，先让人对你产生厌倦之感，这既有损你在他人心目中的初印象，又在无形之中为今后的交往搁置了绊脚石。这是不应该的。

一语亲近陌生人

如果你想给对方留下一个好印象，那你就必须要用能给对方留下好印象的方式来讲话。

2. 宴请技巧

宴请是社交活动中一项非常重要的内容。

为什么这么说呢？

因为，如果是在其他一些场合，陌生人之间往往心存戒备，不会敞开心扉说话，沟通很难深入，成为朋友的几率就小；而在饭桌上，就另当别论了，三杯酒下肚，彼此很容易视对方为知己，是值得倾心长谈的朋友，在大杯豪饮抑或在细饮慢酌中，几分钟前还不知对方姓甚名谁，此时却在称兄道弟了。看来，一起吃饭这件事情很神奇，它能打开人的心扉，拉近人与人之间的距离，天南海北的陌生人，只要能坐到一块儿喝酒，十之八九都会成为好朋友。

那么如何达到这一目的呢？有几点需要注意：

（1）敬酒要主次分明

敬酒也是一门学问。一般情况下敬酒应以年龄大小、职位高低、宾主身份为序，敬酒前一定要充分考虑好敬酒的顺序，分明主次。即使与不熟悉的人在一起喝酒，也要先打听一下身份或是留意别人如何称呼，这一点心中要有数，避免出现尴尬或伤感情的局面。另外敬酒时一定要把握好敬酒的顺序。

如果有求于某位客人在席上时，对他自然要倍加恭敬，但是要注意，如果在场有更高身份或年长的人，则不应只对能帮你忙的人毕恭毕敬，也要先给尊者长者敬酒，不然会使大家都很难为情。

（2）劝酒要适度

在饭桌上往往会遇到劝酒的现象，有的人总喜欢把酒场当战场，想方设法劝别人多喝几杯，认为不喝到量就是不实在。其实，这是不可取的做法，尤其是面对初次相识的人，"以酒论英雄"，对酒量大的人还可以，酒量小的就犯难了，有时过分地劝酒，会将原有的气氛完全破坏。

（3）不要小声私语

在饭桌上，如果宴请的人较多，此时面对众多的陌生人，应尽量多谈论一些大部分人能够参与的话题，得到多数人的认同。因为个人的兴趣爱好、知识面不同，所以话题尽量不要太偏，避免唯我独尊，天南海北，神侃无边，尽而出现跑题现象，而忽略了众人。特别是尽量不要与人贴耳小声私语，给别人一种神秘感，这往往会产生"就你俩好"的嫉妒心理，影响到此次宴请的目的。

（4）语言要诙谐幽默

饭桌上可以显示出一个人的才华、常识、修养和交际风度，有时一句诙谐幽默的语言，会给客人留下很深的印象，使人无形中对你产生好感。所以，宴请者应该知道什么时候该说什么话，语言得当、诙谐幽默很关键。

（5）宴请客户，以诚为先

在宴请客户时，最好注意以下几点：

①尽量不要带着自己的爱人

因为你跟你的爱人并非从事同一个职业，在宴会上不是所有人都认识他（她）的，你会整晚夹在他（她）与客户之间。所以，还是不要带他（她）去为好。

②要早于客户到达宴会地点

待你要宴请的人到来时，把他们引荐给重要人物。要尽地主之谊，以目光和手势示意客户，请他走在前面，同时可以配合语言提示："您先请！"

（6）要学会点菜

客人有时不了解宴请酒店的特色，往往不点菜，那么，此时你一定

第八章 几种与陌生人交流的重要方式

要照顾好客人的喜好，可以请服务生介绍本店特色，但切不可耽搁时间太久，过分讲究点菜反而让客户觉得你做事拖泥带水。点菜后，可以请示"我点的菜，不知道是否合诸位的口味"、"要不要再来点其他什么"等。

（7）要主动去结账

此时，不要让初次见面的人知道用餐的费用，否则也是失礼的。因为无论贵贱，都是主人的心意。

那么，饭局聊些什么？

在正餐上来之前，人们喜欢聊些体育、天气之类的话题。吃主菜的时候，人们谈的则是美食、艺术、时事及一些无伤大雅的话题。不过，在聚会或活动上，不可太过急功近利。你的谈话一定要有弹性，不要做硬性推销。重要的不是你做了什么，而是人们对你的这种方式是否接受，最好的方式是不要谈工作。

一定要注意一点：成功的生意饭局都不会讨论生意上让人扫兴和尴尬的话题。

还有一点要记住，那就是，你在席间要适当地谈你自己的情况，谈可以为对方带来什么好处，可以提供什么样的优质服务。

此外，跟他人一起吃饭还需要注意一些细节，如吃东西不要出声，不要乱翻菜等；不卑不亢，保持应有的风度，既不要缩手缩脚，也不要没大没小，特别注意，不要在领导面前道人是非。

总之，无论是饭局还是其他任何形式的聚会和活动，你都应该积极参加或者组织，并在这个过程中去认识更多的人，为自己搭建更多人际交往的桥梁。通过宴请，彼此从未见过面的陌生人可以由不熟悉变成熟悉，甚至变成知己，不仅如此，即使是简单的一餐，如果把握得好，也能收到很好的效果。

一语亲近陌生人

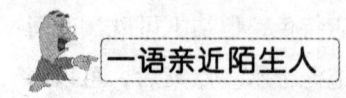

宴请学问多，即使是简单的一次宴请，如果把握得好，也能收到事半功倍的效果。

3. 理性面对陌生人

一见如故这是很多刚刚见面相识的人习惯使用的一句话，意思是，虽然是初次见面，可是彼此的感觉就好像已经认识了很久，都有相见恨晚之感。

在生活中，人会呈现出其多面性，在不同的时空，善与恶会因不同的刺激而以不同的面貌出现，也就是说，本性属恶的人在某些状况下也会出现善的一面；本性属善的人也会因为某些状况的引动、催化而表现出恶的作为，而何时何地出现善与恶，甚至自己也无法预测及掌握。例如，一辈子循规蹈矩的正人君子就有可能因为一时缺钱而忽然浮现恶念，这是他过去所无法想象的事，但就是发生了，连他自己都感到不解。

当一个人和你初次见面，并且热情地向你表示和你一见如故时，你可以不必拒绝他的热情，甚至也回他一句一见如故！但你一定要理性地看待这句话，思索这句话的真正意义，因为这句话可能是一句客套话，也有可能是一颗裹上糖衣的毒药，他是想用温情来拉近和你的距离，好从你身上获得某些利益。如果这是一句客套话，你的热切回应不但无法给对方产生效用，自己也会因为对方随之而来的冷淡而受伤，更有可能暴露了自己，反给有心人以可乘之机；而最有可能的是，你把对方吓跑了。如果对方真的另有所图，你的热切回应，正好自投罗网，结果也就

第八章
几种与陌生人交流的重要方式

不用多说了。

如果对方的一见如故之后还有其他的后续动作，你应该与之保持一种善意的距离，保持距离的目的是在检验对方的真伪，以免自己受伤。如果对方和你彼此都一见如故，这是最危险的状况，你应该立刻向后退，以免引火自焚，或因为太过接近而彼此伤害，葬送有可能会好好发展的友情；如果一见如故只是对方一厢情愿，话不投机半句多，不必花心思在这上面。当然，如果双方一见如故，也都理智地各取所需，那就另当别论了。

一见如故是一种人生的幸运，但有时也会成为一种不幸的开始。对刚结识的朋友，不分青红皂白的把其当做知交好友，什么话都给他说，这可是交友的大忌。

李明是一家公司的业务经理，在一次聚会上，与另一家公司的业务员相遇，两人很投缘，话也越说越投机，大有相见恨晚之感。李明把对方当成了自己的贴心朋友，结果在耳热酒酣之后，把自己公司将要开展的业务计划说了出来。一个月后，当李明的公司把新的业务计划投入实际运作时，却被客户告知别的公司已经在做了，并签了合同。作为与老板共知计划机密的李明，自然被上司批评一番，并罚俸降职，永不重用了。李明没想到把对方当成朋友，对方反而害了自己。

一定要谨慎把握好语言，不该说的话千万别乱说。与陌生人初次见面，话不可露尽，于人于己都有好处。

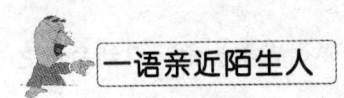

一语亲近陌生人

一见如故，你一定要理性地看待这句话，思索这句话的真正意义。

4. 求职面试技巧

　　面对"一抓一大把"的应聘者，在录用新人时，用人单位有太多的理由对人选精挑细选，甚至吹毛求疵。面对这种无奈而严峻的就业形势，求职者仅有能力是不行的，还必须能在面试时巧妙地说话，才能谋职成功。

　　一家外贸公司举行了一次别开生面的宴会招聘考试，有一位小伙子表现良好，深深吸引了招聘人员。

　　在宴席上，这位小伙子走到这家公司的人事经理面前举杯致辞："经理，能认识你很荣幸，我十分愿意为贵公司效力。但如果确因名额有限我不能梦想成真，我也不会气馁的，我将继续奋斗，我相信，如果不能成为你的助手，那我就一定会当你的对手。"

　　小伙子言语得体，柔中有刚，充满自信，意志坚强。这是外贸工作中最宝贵的性格。他的谈话彬彬有礼，不卑不亢，机智敏捷，性格开朗，具备了搞外贸的优良素质。最后那句话提醒了这家外贸公司的人事经理：如果因为录取名额的限制，让这位优秀人才流失到别的公司，岂不是一大损失。最后，公司录取了这位青年。

　　现代社会，不仅商品需要推销，一个人要想崭露头角，得到命运之神的青睐，也要善于表现自己。

　　那么，面对陌生的主考官，如何突显自己的优点，回避自己的缺点，顺利过关呢？

第八章
几种与陌生人交流的重要方式

第一，要善于扬长避短，超常发挥。

每个人都有自己的特长和不足，无论是在性格上、专业上都是如此。例如性格外向的人往往容易给人留下热情活泼、思维敏捷，但不够深沉的印象。这类性格的人在面试的时候要注意克服自己的弱点，讲话的节奏要放慢，语言组织要得当，从而给人以博学多才、见多识广的良好印象。性格内向的人则容易给人留下深沉有余、反应迟缓的印象，在面试时，应该力争早发言，并就某一重大问题展开论述，以弥补自己性格上的不足。

第二，不失时机显示潜能，恰如其分地表现自己。

面试的时间很短，求职者不可能把自己的全部才能都展示出来，因此，要抓住一切时机巧妙地显示才能。例如，如果你的字写得比较好，那么，在应聘的开始，你即可以把自己的名字、地址、电话等简单资料写在准备好的纸上，顺手递上去，以显示自己写得一手漂亮的字。显示潜能要实事求是，简短、自然、巧妙，否则也会弄巧成拙。

第三，不怕有缺点，就看你怎么对待。

李开复曾说："在应聘中，很多人都担心暴露自己的弱项，我觉得每个人应很真诚地回答这个问题，但要说明我在进步，当一个人知道自己的弱项而学着进步的话，这对我来说是一个很好的事情，不管他是什么弱项。强调自己没有弱项，或者说，我的弱项就是工作太努力，那是没有意义的。"正因为这一原因，所以，应聘者在没有得到主考官提示的情况下，就不必去主动陈述自己的缺点，如果对方问到，那就如实回答。比如说，我在那件事上做到不很成功，但是，我从里边学到了以下几个方面的经验和教训，它对我以后的工作，产生了深远的影响。由于这次失败，我能够在以后的事情中做到非常成功。

第四，在面试过程中切忌吹嘘自己，保持诚实本色。

吹嘘自己并不是展示自己的优点，而是在附加自己的缺点，这种吹嘘与个人的实际努力南辕北辙。

第五，提防面试考官的圈套，充分相信自己。

有时会碰到这样一种情况，自己本来没有这方面的缺点，但是主考官却提出了这样一个问题，故意设置的一个圈套，主要是考察他的反应能力。所以，此时你一定要充分相信自己，只要自信，那么无论面对什么样的主考官，你都能成为最优秀的。

精明的企业家招聘员工，聪明的领导挑选下属，并不是首先看你手捧几张文凭，而是首先看你有多少真才实学。你应当实事求是地宣传自己；我的长处有哪些，想做什么，能做什么等。而主考官也通过你的言辞来判断是否录用你。

总之，面对招聘者提出的各种各样的问题，我们用全部智慧去应对，这个应对过程就是展示自己的意志与才能的过程，也就是推销自己的过程。那么我们就能谋职成功。

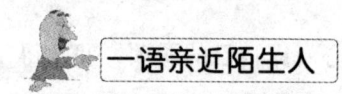

一语亲近陌生人

为了成功地推销自己，你必须使自己成为大家最想要的样子，要想办法让人家照着你的方式做事，让他人保持与你同样的看法。在你改变他们的观点时，使他们喜欢或尊敬你。

5. 演讲的口才技巧

在生活当中，我们有时会遇到一些比较特殊的情况：当众发表演

第八章
几种与陌生人交流的重要方式

讲,好多人在遇到这种情况的时候,往往会不知所措,因为台下有很多人在听自己演讲,而且这些人多数是陌生人,看着那么多陌生人的眼睛注视着自己,一种紧张感油然而生。

可见,在陌生人面前演讲并不是一件容易的事,但如果一个人能在陌生人面前做好演讲,那么,这个人一定是一个搞定自己,推销自己,搞定陌生人的高手。

如果你想做这样的一位高手,以下方式你不妨尝试一下:

(1) 语音语调

语音、语调在演讲中有着极其重要的地位。我们知道,演讲是借助有声语言来表达演讲者的思想和情感的,如果在有声语言表达上存在缺陷,将会直接影响演讲的效果。试想,满口方言俚语,或含糊不清,或尖利刺耳,就算你道理深刻、感情真挚,但听众在下面不知所云,如坐针毡,这样的演讲又怎么会成功呢?因此,语音纯正、吐字清晰是演讲的一项基本要求。演讲是演讲者与听众之间相互沟通与交流的手段,相互之间能够听懂、听清是沟通与交流的最起码条件。

(2) 良好的心理素质

面对一群陌生人,自己在台上进行演讲,猛一想是陌生人使自己产生压力,其实仔细想想,演讲的最大障碍就是自己的心理,缺乏自信心,不敢面对陌生人,是演讲不能取得成功的主要原因之一。所以,作为演讲者要学会自我调节。

心理的自我调节能力要通过不断地锻炼才能够获得。开始,我们可以在一个没有其他人的环境里,试想着自己正面对着很多人讲述一个问题或发表一些见解,如此反复多次变换不同的话题,那么紧张情绪就会慢慢消失,直至能够坦然地表达自己的思想观点、阐述事实真相。接下来可以在三五个朋友、家人中间进行演说，最后可以面对众人讲话、发言。经过不断地锻炼，自信心必然会得以加强，最终会告别演讲时紧张的心理。

（3）超强的感知能力

一个优秀的演讲者必然具有超强感知能力的。感知能力表现在演讲者在演讲过程中善于把握、察知听众的各种反应，看听众是欢迎、赞同你的演讲，还是反对、厌倦你的言辞，以便及时调整自己演讲的内容及方式，充分调动听众的倾听欲望、调整听众的情绪。

（4）善于抓住听众的心理

抓住听众心理是一名演讲者取得成功的秘诀，尤其是在短短的几分钟里你是否能抓住听众的心理，让听众认真倾听你的演讲则显得更为重要。能否抓住听众心理取决于演讲者所采取的说话方式，方式的选择一是要根据听众的类型而定，二是要用听众喜闻乐见的形式来说。

（5）演讲稿的语言

演讲是一种高级、完美和富有审美价值的口才表达形式，是一种特殊的与陌生人交流的艺术，其语言直接决定着演讲是否具有说服力和感染力，因而必须重视演讲稿语言的培训，所以必须做到以下几点：

①通俗、流畅

②准确深刻

③简洁明快

④生动形象

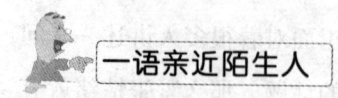

一语亲近陌生人

演讲是否会成功，它不仅取决于你的表述方式，而且还取决于听众对你的信任程度。

6. 说服陌生人的技巧

任何人都希望能轻松地说服他人，尤其是担任说服职务的人，更有这样的愿望。但是千万不要误解说服力的本意，毕竟它与饶舌不同。有的人面对素不相识的陌生人，能不费口舌就自然有说服力；有的人即使滔滔不绝，也没有洗耳恭听的听众。因此说服力并不取决于是否能言善辩，而决定于能适时说出适当的言辞。

生活中需要说服的对象有很多，他可能是你的父母、你的上司、你的顾客、你的朋友、你应聘的主考官，你认识的人，或者你不认识的人……在生活中，随时可能遇到要说服别人的情况，如果不掌握技巧，说服就难以达到理想效果，那么说服口才的表达技巧有哪些呢？以下几点供大家参考：

(1) 调节气氛，以退为进

从谈话一开始，就要创造一个说"是"的气氛，而不要形成一个"否"的气氛。不要形成一个否定气氛，就是不要把对方置于不同意、不愿做的地位，然后再去批驳他、劝说他。比如说："我晓得你会反对……可是事情已经到这一步了，还能怎样呢？"这样说来，对方仍然难以接受你的看法。在说服他人时，要把对方看做是能够做或同意做的。比如："我知道你能够把这件事情做得很好，却不愿意去做而已"；又比如："你一定会对这个问题感兴趣的"等。而很多事实也表明，从积极的、主动的角度去启发对方、鼓励对方，就会帮助对方提高自信心,并接受己方的意见。

(2) 争取同情,以弱克弱

每个人都有保护弱小的天性,所以当我们想说服比较强大的对手时,不妨采用这种争取同情的技巧,从而以弱克强,达到目的。

(3) 善意威胁,以刚制刚

很多人都知道用威胁的方法可以增强说服力,而且还不时地加以运用。这是用善意的威胁使对方产生恐惧感,从而达到说服目的的技巧。

(4) 消除防范,以情感化

一般来说,在你和要说服的对象较量时,彼此都会产生一种防范心理,尤其是在危急关头。这时候,要想使说服成功,你就要注意消除对方的防范心理,否则反会弄巧成拙。如何消除防范心理呢?从潜意识来说,防范心理的产生是一种自卫,也就是当人们把对方当做假想敌时产生的一种自卫心理,那么消除防范心理的最有效方法就是反复给予暗示,表示自己是朋友而不是敌人。

(5) 投其所好,以心换心

站在他人的立场上分析问题,能给他人一种为他着想的感觉,这种投其所好的技巧常常具有极强的说服力。要做到这一点,"知己知彼"十分重要,唯先知彼,而后方能从对方立场上考虑问题。

(6) 寻求一致,以短补长

习惯于顽固拒绝他人说服的人,经常都处于"不"的心理组织状态之中,所以自然而然地会呈现僵硬的表情和姿势。对付这种人,如果一开始就提出问题,绝不能打破他"不"的心理。所以,你得努力寻找与对方一致的地方,先让对方赞同你远离主题的意见,从而使之对你的

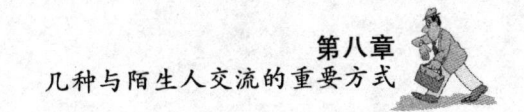

话感兴趣，而后再设法将你的主意引入话题，而最终求得对方的同意。

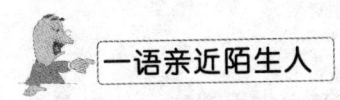

一语亲近陌生人

说服别人最基本的要点之一，就是巧妙地诱导对方的心理或情感，以使其"就范"。

7. 谈判技巧

参与谈判的双方通常是在谈判桌上首次见面，而这第一回正式接触，则是一次观察对方的良机，因此，必须留意对方的表情、动作，找出他的特殊习性，以迅速获得正确的资料，如此，才能决定该采取什么样的谈判战术和技巧。

面对陌生人，谈判中能否说服不相识的人接受自己的观点，是谈判能否成功的一个关键。谈判中的说服，就是综合地运用听、问、叙各种技巧，改变对方的最初想法而接受己方的意见。说服是谈判过程中最艰巨、最复杂，同时也是最富有技巧性的工作。

（1）营造主题氛围

营造主题氛围，是指谈判者根据总体谈判策略的需要，通过表达形成相应的谈判氛围。所谓主题，是强调总体策略的特征，如冷与热、紧与松等总体性、基本性的特征，要实现主题氛围的营造，在表达上需要考虑话题的选择，语句的选择和表情的配合。

（2）调度心理趋向

交锋前的铺垫中，心理的调度非常重要，它主要是指使对手的情感与欲望应适合谈判实质条件的需要，或者说，调理谈判对手的情感和欲望，使之符合谈判实际。

（3）集中思维方向

集中思维方向，指将谈判双方的谈判注意力集中到统一的部署上来。换句话说，就是选定共同的谈判路线。这是"大战"前的必修工程，是应解决的问题。在这个表述中，要用侦查——了解、磋商——判断、集中——结论等表达手法。

（4）所言之物的定义

为确保谈判的效率，交锋中铺垫首先要说明白的问题是双方谈的应是同一物。若你谈你的理解，我谈我的理解，而理解的非同一物就会使谈判陷于徒劳之中。此时，表达的技巧是运用确认和重复的表述方式来实现定义的一致性。确认对谈判议题定义的明示追问，或对理解要求的认同。

（5）确立真正立场

为了掌握谈判的进展，必须掌握言者的真正立场。有的谈判者含蓄，或为了刺探对方情报，在明确双方讲话的同时，对谈话引申出的要求与立场也要予以界定。对此，表述的手法主要是追问对方表态。

（6）明确态度

明确态度，是指要说明谈判双方对面临的谈判问题所持的主观愿望。明确概念是铺垫的基础性的一步，而明确态度是更近的一步，由表及里的一步，是究其根源的一步，对谈判的发展影响很大。谈判过程中，典型的状况有气氛紧张、谈判激烈时，也有扭转融洽、彼此理解时，还有平淡之时。

①紧张时

此时的铺垫是要说明："你想怎么样？"以及"我对此的看法"，以达到调整双方态度的目的，使消极化为积极，战争转为和平，破坏变成建设。

②融洽时

此时铺垫是要说明：双方如何利用这种积极性加快交易的谈判，使谈判尽早达到目标。

③平淡时

此时说明的是：双方这样谈判下去行不行？或者谈判为什么这样没有朝气？如果谈判并未全面展开，或仅属相互介绍阶段，还未到条件的讨论阶段，则可以随日程往下谈判。若在现实交锋中，谈判既无大的进展，双方交锋也不积极，这就需要做以上铺垫。

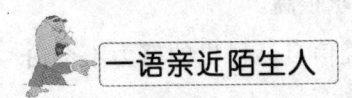

一语亲近陌生人

面对陌生人，谈判中能否说服不相识的人接受自己的观点，是谈判能否成功的一个关键。

8. 辩论技巧

在日常生活中，无论是与熟人之间，还是与陌生人之间常常会发生一些辩论，在辩论中人们总是各执一词，莫衷一是，互不相让。在这个时候，心理素质体现了我们的辩论水平的高低。

要在辩论中获胜，首先要有良好的心理素质。因为，只有具备了良好的心理素质，才能充分发挥口才的优势。

(1) 对话心理

这是辩手成长过程中必经的心理阶段，是刚跨进辩论大门的朋友经常持有的一种心理。

对话心理的深层动机是说服对手，在这种心理的驱动下，辩手试图通过阐释自己的观点使对方信服。

如何顺利度过对话心理阶段呢？

第一，要认清对话心理的根源及表现形式。

第二，保持适中心态，做到既不主观又不被动。

(2) 对抗心理

对抗心理是论辩中最为常见的心理状态。处在这种心理状态之下，说明已经大致了解了辩论，知道论辩双方处于一种水火不相容却又相辅相成的关系，此时，双方都不再一味地攻击，而转向十面埋伏。

对抗心理状态下，对辩手的心理素质要求很高。

首先，辩手必须树立牢固的自信心，确信自己付出的努力不会白费，确信通过自己的继续努力可以获得胜利。

其次，要把这种自信心贯彻到论辩过程中的每分每秒中去，要从对方的每个环节中去寻找错误。整人的状态就像一只猎物眼前的鹰，不仅对对方的逻辑、理论、事实、价值而言，即便是对对手的错别字和失态的举动也应加以充分运用。

(3) 超对抗心理

超对抗发源于对抗，是更高层次的对抗。超对抗心理与对抗心理相比，字面上仅是多个"超"字而已，事实上，这是两个差别很大的心理状态。王沪宁教授对超对抗心理曾有过一种形象的描述："当人面对对手时，你要觉得自己对这个题目全知全解，而对方是无知的，你不是在和他辩论，而是在教他。如果他反驳，那是说明他没听懂，你可以再教他一遍。记住，你始终是老师，他是学生。"

第八章 几种与陌生人交流的重要方式

这也即孙子兵法中所说的："不战而屈人之兵"的境界。

对话心理、对抗心理、超对抗心理之间不是截然分开的，三者之间存在密切的内在联系，是辩论心理发展的几个阶段。

在辩论中获胜，有好的口才是不可缺少的因素。

论辩的语言有三个特点：

①流畅。这要求培训时，要着重辩手的声音、语气、语调等。

②简明。这要求培训时，要辩手在最短的时间内表达最明确含义的内容。

③善变。论辩中常常需要辩手接过话题，即兴发挥。

辩论的过程是一个激烈对抗的过程，唇枪舌剑之中，情况瞬息万变，留给你思考的时间少之又少。你必须在一瞬间找到对手的破绽，点住对方的穴道，组织严密的逻辑语言给对方以"致命一击"。

一语亲近陌生人

辩论是语言驾驭能力的表现，是语言技巧使用最集中的场合。